Chistes para viajes

ojo, título provisional

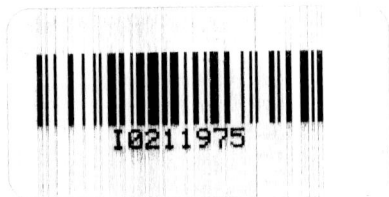

CHISTES PARA VIAJES

ojo, título provisional

dve
PUBLISHING

A pesar de haber puesto el máximo cuidado en la redacción de esta obra, el autor o el editor no pueden en modo alguno responsabilizarse por las informaciones (fórmulas, recetas, técnicas, etc.) vertidas en el texto. Se aconseja, en el caso de problemas específicos —a menudo únicos— de cada lector en particular, que se consulte con una persona cualificada para obtener las informaciones más completas, más exactas y lo más actualizadas posible. EDITORIAL DE VECCHI, S. A. U.

© Editorial De Vecchi, S. A. 2018
© [2018] Confidential Concepts International Ltd., Ireland
Subsidiary company of Confidential Concepts Inc, USA
ISBN: 978-1-68325-750-9

Introducción

Hay quienes viajan por placer y quienes lo hacen por obligación, pero es muy probable que, cuando regresen, unos y otros nos cuenten un sinfín de historias y nos entretengan con chistosas anécdotas. Y es que indudablemente el mundo es la mejor fuente de inspiración para escribir los chistes más divertidos.

Este es un libro de chistes *de* y *para* viajes. *De viajes* porque en él aparecen recopilados chistes de todo el mundo: chistes sobre pueblos, ciudades y países de los cinco continentes; chistes sobre las costumbres y el carácter de sus gentes; chistes sobre los medios de transporte más rudimentarios y los más modernos; chistes sobre los diferentes motivos por los que viajamos (los negocios, las vacaciones, las inquietudes culturales...); chistes sobre el alojamiento, los restaurantes, el personal de hostelería, los guías turísticos; chistes sobre los inconvenientes de viajar solo, con la pareja, con la familia, en grupo...

Pero, como hemos dicho, este es también un libro *para viajes*. En efecto, no hay mejor manera de afrontar un largo y pesado desplazamiento, o de tomarse con humor un viaje no deseado, que amenizándolo con la más recomendable de las terapias: la risa, y precisamente la risa provocada por las situaciones en que podemos llegar a encontrarnos allí donde vamos y por el camino.

La risa es una panacea contra el estrés, contra las prisas de nuestro tiempo desbocado, contra los atascos, los malentendidos, los fallos, los imprevistos, los imponderables. Es una provisión de salud. Es un jarabe para el alma.

Un libro de chistes para viajes no es simplemente una obra cómica con la que pasar buenos ratos: es un auténtico manual para los viajeros incansables, además de un agradable ejercicio cultural y de tolerancia.

A través de sus cientos de chistes, el lector podrá viajar con unas gafas multicolor y entrar en el mundo por una puerta que no enseñan los folletos de las agencias de viajes ni las guías turísticas, y aprender así que uno puede reírse de todo y de todos, si empieza por reírse de uno mismo.

CHISTES PARA VIAJES

Un amigo encuentra a otro y le dice:

—¿Cuántas veces has estado en Nueva York?

—Siete u ocho veces.

—¿Y tú?

—Yo una o ninguna.

———————— ☺ ————————

Un as de la aviación está explicando sus hazañas a un grupo de colegas.

—Imaginaos la situación: una niebla densísima que no permitía ver a dos metros, los motores parados, el depósito de combustible sin gota de gasolina...

—¿Y cómo lograste salvarte?

—¡Menos mal que no habíamos despegado todavía!

———————— ☺ ————————

Una mujer le dice a su marido:

—Sabes, tesoro, cada vez que tomas una curva a gran velocidad, me muero de miedo.

—Lo comprendo —responde el marido—, te aconsejo que hagas como yo...

—¿Y tú qué haces?
—Cierro los ojos.

———————— ☺ ————————

En una estación de tren un joven pregunta a un señor que se encuentra sentado en un banco del andén:
—¿Hace mucho que ha salido el primer tren para Madrid?
—¡Pues claro, jovencito, en 1875!

———————— ☺ ————————

Un muchacho pregunta a un amigo de su edad:
—¿Ya has aprendido a ir en coche?
—Sí.
—¿Y qué es lo que te ha parecido más duro?
—El farol que hay delante de mi casa.

———————— ☺ ————————

Un amigo pregunta a otro:
—¿Es verdad que tu mujer va a realizar un viaje alrededor del mundo?
—Sí.
—¿Y no crees que los cambios de clima, de ambiente, la diversidad de comidas, la pueden perjudicar?
—Puedo jurarte que no se atreverán.

———————— ☺ ————————

Un rico turista llega a su ciudad de destino ya entrada la noche. Los mejores hoteles están ocupados y se ve obligado a alojarse en una modesta pensión. Cuando se dispone a inscribir su nombre en el libro de registro, descubre un chinche cruzando pausadamente la hoja. Apartándose bruscamente del libro, increpa al conserje:

—No puedo quedarme en este hotel. Mi paciencia para tolerar cosas desagradables es mucha, pero que un chinche venga a husmear cómo me llamo y de dónde vengo es algo que no soporto. ¡Que me devuelvan las maletas!

———————— ☺ ————————

Un automovilista va a ciento ochenta kilómetros por hora por la autopista. De repente, lo detiene un policía y le pide el permiso de conducir.

—¿Conducía muy deprisa? —pregunta el automovilista en tono contrariado.

—¡Oh, no! —responde el policía—. ¡Estaba volando muy bajo!

———————— ☺ ————————

A propósito de los viajes pagados a plazos, un marido le dice a su esposa bajo una palmera del Caribe:

—Aprovecha hasta el último día de «viajar ahora», porque mañana empieza el «pagar después».

———————— ☺ ————————

Un amigo le dice a otro:

—¿No es tuyo aquel Ferrari?

—Sí, de vez en cuando.

—¿Qué quieres decir?

—Cuando está recién lavado, es de mi mujer; cuando hay una fiesta en alguna parte, es de mi hijo; ¡y cuando hay que poner gasolina y pagar las reparaciones es mío!

———————— ☺ ————————

¿Cuál es el colmo de un automovilista?
Tener la rueda de la fortuna pinchada.

———————— ☺ ————————

Dos amigos viajantes de comercio están escribiendo a sus respectivas esposas. Uno de ellos pregunta extrañado al otro:
—¿Por qué sacas copias de las cartas que escribes a tu esposa? ¿Temes repetirte?
—¡Oh, no!, lo que temo es contradecirme.

———————— ☺ ————————

Un caballero de Cheshire es invitado por un amigo a pasar unos días en Londres. Una mañana el amigo londinense le lleva a tomar un baño en la piscina de su club. Al zambullirse en el agua el invitado pierde el traje de baño y, por mucho que lo busca, no logra encontrarlo. Se arma de valor, se tapa la cabeza con un periódico y se dirige rápidamente hacia los vestuarios. Tres *ladies* que estaban tomando el té comentan al observarlo:
—No es mi marido —dice la primera.
—Tienes razón, querida, no es tu marido —confirma la segunda.
—Pues tampoco es ningún socio del club —comenta la tercera.

El puerto de Vigo, al ser puerto natural, es uno de los de más calado de Europa. En cierta ocasión alguien pidió por radio al práctico del puerto instrucciones para entrar en él. Pero, como este no divisaba ningún barco de gran tonelaje, salió con la lancha para ver quién pedía permiso para entrar.

A las afueras del puerto encontró el barco llamado *O Terror Dos Mares*, una pequeña cañonera portuguesa. El práctico subió a bordo e inquirió al capitán de la nave los motivos por los que pedía permiso para entrar. El capitán le preguntó:

—¿Tiene este puerto calado suficiente para mi barco?

El práctico, ni corto ni perezoso, fue hacia la borda, hizo pipí y le contestó:

—Ahora sí, capitán.

——————— ☺ ———————

Cerca de la Fontana di Trevi un italiano pregunta a una turista yanqui:

—¿La señora conocía ya Roma?

—¡Oh, sí! Todos los viajes de boda los he hecho aquí.

——————— ☺ ———————

Un avión se estrella en medio del desierto del Sahara.

Uno de los supervivientes del terrible accidente, tras dos días de recorrer el desierto, encuentra a un beduino y le pregunta:

—¿Queda muy lejos el mar?

—A unos doscientos kilómetros.

—¡Pues vaya playa!

Una joven que viaja en barco va a reclamar al oficial de guardia.

—La noche pasada un marinero entró en mi camarote.

—¿Y en un camarote de segunda qué quería, que fuera el capitán?

–––––––––– ☺ ––––––––––

En un autobús va sentada una señorita con un gran escote. De pie a su lado está un hombre que no quita el ojo de encima a la moza. Un tipo muy fornido se acerca.

—¿Usted qué mira?

—Yo… nada.

—¡Pues apártese y déjenos mirar a los demás!

–––––––––– ☺ ––––––––––

Un tren está parado en una estación. Un directivo de Renfe que viaja en él aprovecha la parada para estirar un poco las piernas. Al cabo de unos veinte minutos, como el tren no daba señales de arrancar, este se acerca al jefe de la estación.

—¿A qué esperan para hacer salir el tren?

—A que suba usted, señor.

–––––––––– ☺ ––––––––––

Un pasajero dice al taxista que le lleva:

—Más despacio, más despacio. ¿No ve que podemos tener un reventón?

—No se preocupe, llevo rueda de repuesto.

Dos turistas mexicanas se encuentran en París. Una de ellas comenta a la otra:

—Llevo ya más de dos semanas en París y aún no he ido al Louvre.

—Eso es gravísimo. Creo que deberías ir a ver a un médico inmediatamente.

———— ☺ ————

Un automovilista está a punto de atropellar a un transeúnte que iba a atravesar la calle sin fijarse en la cantidad de coches que estaban circulando. Al frenar bruscamente el conductor grita:

—¿Qué le pasa, es usted miope?

A lo que es transeúnte serenamente contesta:

—Caballero, yo no soy «ope» de nadie y mucho menos de usted.

———— ☺ ————

Una señora que realiza un trayecto en autobús increpa a otro pasajero:

—Joven, ¡mantenga las manos en su sitio!

—¡Pero, señora, yo soy mutilado de ambos brazos!

—¿Lo ve? ¡El Señor le ha castigado!

———— ☺ ————

Dos estudiantes hablan de sus hallazgos.

—He descubierto cuál fue la mayor hazaña de Colón.

—¿Cuál?

—Conseguir desembarcar en América sin pasaporte.

Un hombre estaba realizando un viaje bastante largo en ferrocarril. Había transcurrido toda la noche en marcha. Por la mañana, y antes de llegar a su destino, decide ir a asearse al lavabo del vagón. Al volver a su compartimiento se da cuenta de que se ha olvidado el cepillo de dientes. Cuando va a buscarlo se encuentra con que un pasajero lo está utilizando. Indignado le dice:

—¿Pero qué hace usted? ¿No le da vergüenza utilizar mi cepillo de dientes?

—Perdone usted, creía que era una cortesía del tren.

————— ☺ —————

Comunicación entre un avión y la torre de control.

—Piloto llamando a base. Piloto llamando a base. El motor derecho no funciona.

—Base llamando a piloto. Base llamando a piloto. Apague el motor derecho e intente aterrizar sólo con el izquierdo.

—Piloto llamando a base. Piloto llamando a base. No tengo gasolina en el motor izquierdo.

—Base llamando a piloto. Base llamando a piloto. Intente planear.

—Piloto llamando a base. Piloto llamando a base. Los alerones de cola no funcionan.

—Base llamando a piloto. Base llamando a piloto. Repita con nosotros: «Padre nuestro que estás en los cielos...».

————— ☺ —————

Un ciego conduce una moto y lleva a un tartamudo para que le indique el camino. Al llegar a una curva se despistan y se dan un golpe morrocotudo. El tartaja dice:

—La vi, la vi, la vi...

El ciego responde:

—Si la viste, por qué no me lo dijiste.

Y el tartaja responde:

—¡La Viiiirgen, qué trompazo nos hemos dado!

☺

El hijo de un caníbal, viendo un avión en el cielo, pregunta a su padre:

—¿Cómo se come ese pájaro, papá?

—Es como el marisco, hijo, sólo se come lo de dentro.

☺

Un turista norteamericano visita Londres. Desea ver todas las cosas interesantes de la gran metrópoli sin descender de su coche y sin soltar la botella de whisky.

Cuando llega a la Abadía de Westminster, el guía intenta convencerle de que descienda del vehículo y entre en el interior del templo. Sin embargo, ante la rotunda negativa del turista, aquel le pregunta con sorna:

—¿Está usted enterado del verdadero destino a que están dedicados los pies humanos?

El americano baja los ojos hacia sus elegantes zapatos y replica con estropajosa voz:

—No sé..., pero creo que uno es para el freno y el otro para el acelerador.

☺

Un joven delincuente acude a un bufete de abogados.

—Quisiera que me defendiese usted, abogado Peláez.

—¿Tiene dinero?

—No, pero tengo un automóvil último modelo y puedo venderlo.

—Está bien, ¿de qué se le acusa?

—De haber robado un automóvil último modelo.

—————————— ☺ ——————————

¿Cuál es el colmo de un barbero?

¡Perder el tren por los pelos!

—————————— ☺ ——————————

Un señor se acerca a la ventanilla del despacho de billetes y se dirige al empleado con tono imperativo:

—Deme un billete para Dalmacio.

—¿En qué provincia está ese pueblo? —inquiere el funcionario desorientado.

—En ninguna, es mi hijo, que está allá abajo.

—————————— ☺ ——————————

Dos escoceses están charlando en medio de la carretera. Llega un coche a toda velocidad y atropella a uno de ellos.

Al cabo de un rato el amigo ileso piensa cómo debería anunciar a la esposa de su amigo que este ha muerto. Va a su casa, llama al timbre y pregunta:

—¿La señora viuda de McDougal?

—Yo soy la señora de McDougal, pero yo no soy viuda, señor.

—¿De verdad, señora?

—De verdad, caballero.

—¿Qué se apuesta?

Dos recién casados inician su viaje de luna de miel en tren.

—Amor mío, si hubiera sabido que el pasillo era tan largo, gustoso habría hecho una locura.

—Pero, querido, entonces... ¿no has sido tú?

———————— ☺ ————————

En una escuela de paracaidismo, uno de los soldados, alarmado, informa a su superior.

—Sargento, el soldado MacArthur se ha lanzado del avión sin paracaídas.

A lo que el sargento pregunta:

—¿Otra vez?

———————— ☺ ————————

El responsable de la aduana pregunta a un turista que acaba de llegar al aeropuerto de Barajas:

—¿Cigarrillos? ¿Whisky? ¿Coñac?

—Oh, qué amables son los españoles —responde entusiasmado el recién llegado—, gracias, tomaré sólo un café.

———————— ☺ ————————

Un agente de tráfico detiene a un automovilista que viaja a gran velocidad en una noche de verano.

—Las luces traseras de su coche están apagadas.

El automovilista detiene el coche, baja y apoyándose en el brazo del agente comienza a sollozar desesperadamente.

El agente lo consuela.

—¡Vamos, arriba! No hay que tomárselo así, no es ningún drama.

—Eso lo dice usted —responde aquel entre lágrimas—, si están apagadas quiere decir que he perdido una caravana, una esposa, dos hijos y un gato siamés de nombre *Poli*.

——————— ☺ ———————

Un sacerdote y un rabino coinciden en un viaje en tren. El viaje es largo y el sacerdote lleva un algunas cosillas para entretener el estómago. Ofrece pan y jamón a su compañero, el cual rehúsa cortésmente.

—No puedo comer cerdo, gracias, mi religión no me lo permite.

—¡No sabe lo que se pierde! —le contesta el sacerdote.

Al final del viaje, los dos se saludan cordialmente y el rabino al abandonar el compartimento dice al sacerdote:

—¡Adiós, saludos a su esposa!

Pero el sacerdote contesta:

—Yo no puedo tener mujer, mi religión no me lo permite.

—¡Ah! ¡Qué lástima! Entonces usted tampoco sabe lo que se pierde —responde el rabino.

——————— ☺ ———————

Dos turistas en Roma admiran extasiados el Coliseo. Una de ellas comenta desconsolada:

—Es un verdadero desastre no tener los medios para concluirlo.

Un par de amigas casaderas charlan sobre el porvenir.

—Quisiera ser azafata de una línea de aviación —dice una—; es la mejor manera de conocer a un hombre de mundo y con dinero.

—Pero tiene que haber otros medios menos difíciles y peligrosos para conocer ese tipo de hombre —replica la otra amiga.

—Tal vez los haya —añade la primera—; pero nunca se presenta mejor ocasión de examinarlos bien que cuando están acomodados en sus asientos y sujetos con los cinturones...

—————— ☺ ——————

Varios amigos se encontraban náufragos en una pequeña barca, después de hundirse el buque en que realizaban un viaje turístico.

Acabados los víveres, echaron a suertes a cuál de ellos sacrificarían para que sirviera de alimento a los demás.

El sorteo se repitió durante dos semanas hasta que no quedaron más que dos: el cocinero y el contramaestre del barco naufragado.

—Tenemos que sortear entre tú y yo, amigo —dijo este último.

—No merece la pena que uno de los dos se quede solo —contestó el cocinero—. La cala está llena de atún.

—¿Y cómo no lo dijiste desde el primer momento?

—¡Pts! ¡Porque a mí me no me gusta mucho el pescado!

—————— ☺ ——————

Dos amigos comerciantes que se encuentran de viaje en el extranjero quieren hacer una broma en el hotel donde se hospedan. Para ello, cuelgan el cartel del retrete de los hombres en la puerta de una suite nupcial.

Aquella misma noche, un señor un poco mayor, antes de irse a dormir decide ir al baño, intenta abrir la puerta donde se encuentra el cartel, pero está cerrada. Vuelve a los pocos minutos y la encuentra cerrada todavía. Al cabo de un rato y agotada su paciencia, vuelve a intentarlo y llama a la puerta gritando:

—¡Señor, casi hace una hora que está dentro! ¿Por qué no sale y deja entrar a los demás?

———————— ☺ ————————

Dos amigos han naufragado y llevan varios días en una balsa a merced de las olas. Ya han terminado los escasos víveres de que disponen y el agua potable también está agotándose.

En el colmo de la desesperación, uno de ellos se arrodilla, dirige su mirada al cielo y empieza a invocar así:

—¡Santa Rita, reina de los imposibles! Si nos sacas de este trance te prometemos no fumar más, no beber más, no ir más al fútbol, no...

—¡Basta! —grita el otro—. ¡Que me parece ver un barco allá a lo lejos!

———————— ☺ ————————

Dos cónyuges regresan a la ciudad después de haber pasado unas vacaciones en la montaña.

—Mira mis cabellos, querido, el aire de la montaña los ha oscurecido.

—Mira los míos, querida, la cuenta del hotel los ha encanecido.

Una señora que viaja en tren pregunta al revisor:

—¿Podré bajar en Valjunquera?

El revisor medita un instante y luego responde:

—Inténtelo, pero vaya con cuidado, porque el tren no para allí.

———————————— ☺ ————————————

Dos vaqueros amigos se disponen a emprender un viaje hacia el desierto de Arizona. Mientras echan unos tragos en una cantina charlando del tema, un periodista de Nueva York se dirige a uno de ellos.

—Aventuras, ¿eh? —dice sonriendo.

—No —contesta—. Buscamos oro.

—¿Y llevan mucho equipo?

—¿Equipo? —replica el interpelado—. La ropa que llevamos puesta. Mi compañero en una mula lleva un cargamento de whisky.

—¿Hay borrachos en el desierto?

—No... Ese whisky es para las mordeduras de serpientes. Los mordidos lo pagan bien.

—¿Y usted no lleva whisky? —pregunta dirigiéndose al otro compañero.

—No. ¡Yo llevo varias serpientes!

———————————— ☺ ————————————

Un motorista se encuentra en Calatayud con un amigo de la infancia. Hablando, hablando se dan cuenta de que los dos se dirigen a Zaragoza, el uno en su moto y el otro en tren.

El motorista invita al amigo a llevarle con él, cosa que este acepta, pues la moto tiene sidecar. Inician el viaje y hacia la mitad del camino el motorista ve que el amigo va sudando de una manera extraordinaria, y dice para sí: «Voy a aumentar la velocidad, y así, con el aire, se refrescará un poco.»

En las cercanías de Zaragoza advierte que, en vez de disminuir, el sudor ha aumentado. El motorista se siente preocupado y decide parar para preguntar a su amigo:

—¿Qué te pasa? ¿Te sientes enfermo? Te veo sudoroso, y pareces extenuado.

—No —responde el otro—. Lo que sucede es que desde Calatayud, que se ha roto el fondo del asiento del sidecar, he venido corriendo.

——————— ☺ ———————

En pleno centro de una gran capital acaba de ocurrir un horrible accidente: una joven transeúnte es arrollada por un autobús cuando trata de cruzar la calle y permanece inerte bajo el vehículo, justo a los pies de los que pasan junto a ella.

La multitud se arremolina, alguien llama a la policía, a los bomberos y a un médico.

Finalmente, la víctima del accidente se recupera y se pone en pie, ante el asombro general.

Una amiga de esta, embarazada y casi a punto de dar a luz, que casualmente pasaba por el lugar en ese momento, le dice estupefacta:

—¡Esto es extraordinario, amiga mía! ¡Has estado bajo el autobús un cuarto de hora y te has librado como una flor...! ¡Mientras que yo... mira lo que me ha ocurrido por estar solamente cinco minutos debajo de un conductor!

Un joven marido recibe un telegrama donde le dicen que ha sido encontrado el cadáver de su suegra flotando junto a la playa, con una langosta adherida a cada pie.

Le piden que telegrafíe dando instrucciones para lo que deba hacerse. Sin vacilar, el joven envía este telegrama:

«Vendan langostas. Stop. La vieja devuélvanla al fondo del mar.»

———————— ☺ ————————

Dos excursionistas algo desorientados discuten sobre la ruta a seguir.

—Pero, ¿estás seguro de que vamos por buen camino?

—Claro, ¿no ves que estamos yendo hacia el mediodía?

—¿Quién te lo ha dicho?

—El campanario del pueblo que acabamos de pasar, marcaba las once y media...

———————— ☺ ————————

En un crucero por el Mediterráneo, dos señores conversan en voz baja.

—Aquella rubia del camarote de enfrente, ¿no es la viuda de su colega, doctor?

—Sí —responde el otro—. Ya ha vuelto a casarse.

—Pronto se ha consolado de la muerte de su primer marido...

—Sí, pero ahora el que está inconsolable es el segundo.

———————— ☺ ————————

Un individuo viaja a toda velocidad por la autopista. De repente es sorprendido por una patrulla de policía que le ordena detener el coche. El conductor explica a los agentes:

—Es que estoy probando este nuevo tipo de coche...

—Muy bien, pues pruebe también este nuevo tipo de multa.

———————— ☺ ————————

Un norteamericano que se encuentra de viaje de placer en París detiene un taxi y pide al taxista que lo lleve a dar una vuelta por la ciudad. Cuando pasan delante de Nôtre Dame, pregunta el turista:

—¿Cuánto tiempo ha sido necesario para construirla?

Y el taxista responde:

—Doscientos años.

—¡Nosotros hubiéramos tardado cinco!

Luego pasan por delante de la torre Eiffel y el americano le dice al taxista:

—No me dirá que han tardado también años para construir esta torre de hierro.

—Verdaderamente —dice el taxista—, no se lo puedo decir, pues pasé ayer por aquí y no estaba...

———————— ☺ ————————

Un caballero sube a un tren llevando en la mano un cigarrillo encendido; toma asiento y, al instante, el revisor le advierte:

—Señor, está prohibido fumar.

—No fumo —contesta aquel.

—Bien; pero lleva usted el cigarro en la mano —insiste el revisor.

—¡Caramba! ¡También llevo los zapatos en los pies y no ando!

Una impresionante tempestad en alta mar hacía crujir peligrosamente un navío. El terror iba cundiendo entre los pasajeros. Un individuo muy avaricioso gemía lastimosamente mientras un amigo trataba de animarle con estas palabras:

—No te aflijas, Samuel. Después de todo, el barco no es tuyo.

———————— ☺ ————————

Una hermosa y joven maestra, que había estado ahorrando durante algunos años, decide hacer un crucero. A bordo del precioso barco escribe en su diario:

«Lunes: Esta tarde el capitán me ha pedido que cene en su mesa.

»Martes: He pasado toda la mañana en el puente con el capitán.

»Miércoles: El capitán me ha hecho una proposición deshonesta, poco digna de un oficial.

»Jueves: Esta noche el capitán me ha amenazado con hundir el barco si no hago el amor con él.

»Viernes: ¡Esta tarde he salvado la vida de las más de mil personas que van en el barco...!»

———————— ☺ ————————

Durante sus vacaciones en España, un turista inglés lleva a su hijo, de unos 15 años, a un bar para enseñarle cómo debe portarse siempre un británico digno de este nombre.

Tras beber unas copas de vino, le dice:

—Hijo mío, un buen inglés debe beber; pero nunca ha de pasar de cierto límite.

—¿Y cómo podré conocer cuándo debo dejar de beber? —inquiere el joven.

—Es muy sencillo. ¿Ves aquellos dos hombres allá lejos? Pues, cuando veas cuatro, no debes beber más.

—¡Pero, papá, si allí no hay más que un hombre! —replica el chico.

————————— ☺ —————————

Un curioso pasajero pregunta al capitán del barco:

—Perdone, comandante, ¿cuántos nudos hace este barco?

—Pocos, pero no los deshace nadie.

————————— ☺ —————————

Dos náufragos que se hallan en una isla desierta desde hace más de un mes se encuentran un buen día. No saben cómo pasar el tiempo, así que comentan con qué podrían entretenerse:

—¿Jugamos a las adivinanzas? —dice uno—. ¡A ver si adivinas quién soy! Se trata de una gran diva del cine. Soy rubia, con grandes ojos verdes. Tengo noventa y cinco de pecho, cincuenta de cintura y unas piernas larguísimas. ¿Quién soy?

—¡No me importa! —dice el otro con los ojos confusos— abrázame enseguida.

————————— ☺ —————————

Un señor extraordinariamente tacaño decide viajar a Estados Unidos. A pesar de lo caro que resulta el billete, finalmente lo compra.

Al llegar a Nueva York, se detiene en el puerto y contempla la ciudad desde allí. De pronto oye un ruido tras él. Se vuelve y ve que un buzo sale del agua trabajosamente.

—¡Caramba! —se dice amargamente—, si yo hubiera sabido que también puede venirse a nado...

———————— ☺ ————————

Una mujer pregunta a su marido que acaba llegar de un viaje en barco:

—¿Has tenido buena travesía?

—¡No me hables! Había tan mala mar que, para estar de pie, tenía que echarme al suelo.

———————— ☺ ————————

En un compartimiento de ferrocarril viajan dos señores. Uno de ellos parece estar contento y satisfecho. Guiña un ojo y sonriendo maliciosamente dice al otro:

—Es una suerte que no me haya descubierto el revisor.

—¿Acaso no lleva usted billete? —le pregunta su compañero.

—Sí, lo llevo. Pero estoy viajando en un departamento para fumadores, ¡y yo no fumo, ja, ja!

———————— ☺ ————————

Una viejecita sube a un tren que está lleno de pasajeros y se agarra como puede al respaldo de un asiento para no caerse.

Allí mismo, sentado, un joven se hace el distraído, baja los párpados, se finge dormido.

Entonces la viejecita le toca suavemente en el hombro y dice:

—Joven, ¿en qué estación quiere que lo despierte?

———————— ☺ ————————

Un terrible temporal azota un barco haciéndolo balancearse peligrosamente.

—¡Calma, calma! —grita el capitán a la tripulación.

—*Calma* es una palabra —murmura un marinero—. Usted es el *capitán*, pero el miedo es *general*.

———————— ☺ ————————

Un barco va a la deriva. No hay esperanzas de salvación. A pesar de ello, en uno de los camarotes de popa se encuentra un matrimonio de avanzada edad; ella recogiendo presurosa sus pertenencias; él comiendo tranquilamente.

—¿Cómo puedes comer en un momento así? —le pregunta la esposa.

—Siempre me han aconsejado que coma antes de beber.

———————— ☺ ————————

Un turista llega a Londres. Es la primera vez que deja su país para visitar la capital inglesa. Algunas horas después de su llegada entra en un bar del centro de la ciudad y pregunta al camarero cuánto cuesta un café.

—Un chelín en la mesa—le contesta el camarero— y ocho peniques si lo toma usted de pie.

—¿Y si me apoyo sobre una sola pierna?

Un revisor de tren advierte a un viajero:

—Señor, no saque tanto la cabeza por la ventanilla.

—Yo sacaré la cabeza por la ventanilla cada vez que me parezca.

—¡Ya sé que puede hacerlo, pero si estropea algún poste de hierro, deberá pagar los daños!

———————— ☺ ————————

Un barco está en llamas y se irá a pique irremediablemente de un momento a otro. Hasta el comandante ya ha gritado:

—¡Sálvese quien pueda!

El señor Martínez, después de haberse puesto el chaleco salvavidas, está a punto de echarse al agua, pero su mujer le retiene:

—¡Arturo, Arturo! Esperemos un rato más, hace media hora que hemos comido y nos puede sentar mal.

———————— ☺ ————————

Un hombre que viaja en tren se pone a reír. De repente se pone serio. Al cabo de unos segundos se vuelve a reír. Otra vez se pone serio. De nuevo se pone a reír y así sucesivamente. Un señor que lo está observando le pregunta:

—Oiga, ¿y usted por qué se pone a reír de repente?

—Es que me estoy explicando chistes.

———————— ☺ ————————

Un matrimonio náufrago se encuentra en una isla desierta. La esposa intenta animar a su marido.

—Pero, querido, ¿no decías que siempre habías soñado acabar tus días en una isla desierta?

—¡Sí, querida, sólo que en el sueño acababa mis días con Marilyn!

---------------- ☺ ----------------

Van dos mexicanos por la carretera, uno montado en una moto y el otro montado en una vaca. El de la moto dice al de la vaca:

—¡Manito! ¡Qué ridículo vas a hacer cuando te vean montado en una vaca!

—Más ridículo vas a hacer tú —responde el otro— cuando intentes ordeñar la moto.

---------------- ☺ ----------------

Un joven bastante tacaño pregunta a un cobrador de autobús:

—¿Cuánto cuesta el viaje hasta la estación?

—Doscientas pesetas.

El individuo decide no montarse en el autobús. Resoplando y sudando, corre a pie al lado de este. Tres o cuatro paradas más adelante, pregunta:

—Y ahora, ¿cuánto me costará hasta la estación?

—Trescientas pesetas.

—¡Oh! ¿Y por qué ahora trescientas pesetas?

—Porque vamos en la dirección opuesta.

---------------- ☺ ----------------

Un turista estadounidense desea cruzar el lago Tiberiades. Pregunta a un barquero cuánto cuesta la travesía.

—Trescientos dólares —dice el hombre.

—¿Trescientos dólares? ¡Pero usted está loco! ¡Es muy caro!

—Puede ser —replica el barquero—; pero acuérdese que fue aquí donde Jesús caminó sobre las aguas.

—No me extraña —añade el americano—, pues cuando debió enterarse del precio, prefirió apañárselas por sí solo.

☺

El clásico turista norteamericano con tres máquinas de fotografiar y una guía turística en la mano entra en el bar de un pueblo y pide un vaso de vino. Intenta entablar conversación con un viejo que está sentado en un rincón fumando en pipa; el americano entonces le pregunta:

—¿Ustedes aquí no tienen al tonto del pueblo?

—Mire, si hubiera venido un año antes, seguramente lo hubiera encontrado, pero ahora ha hecho fortuna en América.

☺

Una familia francesa cruza cada semana la frontera para ir a comprar algunos alimentos a un pueblecito cercano a ella. Cuando, entre otras cosas, se disponen a comprar miel, el cabeza de familia comenta al campesino que se la vende:

—¡Está miel está riquísima! Se ve que dan buena miel estas ovejas.

—¡Ignorante! —replica el campesino—. No se dice ovejas, se dice ovispas.

La reina de un exótico país africano va a Madrid en un viaje oficial. Cuando llega es recibida con gran pompa en el Palacio del la Zarzuela. El embajador se le acerca y, galantemente, le dice:

—¿Puedo ofrecerle mi brazo, Majestad?

Y la reina contesta:

—Gracias, caballero, muy amable, pero ahora no tengo apetito.

☺

Un joven muy tímido se embarca para realizar un crucero. Una vez a bordo del barco tiene la fortuna de encontrar casualmente a una bellísima muchacha, que al instante le roba el corazón. El chico querría hablar con ella, pero no se atreve, a causa de su extrema timidez. Al fin, un día en que la muchacha le sonríe, el joven se detiene, lleno de alegría y confusión, y con verdadera inspiración decide poner fin a su timidez diciendo:

—¿Viaja usted también, señorita?

☺

En un pequeño islote se encuentran un joven y una chica en harapos. Él le dice a ella:

—¿Por dónde íbamos? ¡Ah, sí, estábamos en el bar del barco y yo le decía que era usted preciosa...!

☺

Un taxista va conduciendo a gran velocidad con las ventanillas abiertas. Tras un profundo suspiro comenta a su pasajero:

—El aire fresco en un coche abierto es tan bueno como un frasco de tónico.

A lo que el viajero, algo enfriado, replica:

—Sí, pero... ¿no le parece que agita usted el frasco demasiado?

———————— ☺ ————————

Al asomarse al cráter de un volcán, un turista norteamericano dice:

—Esto se parece al infierno.

El guía, asombrado, alza las manos y exclama:

—¡Es increíble!, ¿adónde no habrán ido estos yanquis?

———————— ☺ ————————

Un hombre entra en un concesionario de coches. El vendedor que le atiende le va explicando cada una de las prestaciones de los automóviles.

—Este coche utilitario gasta sólo una cucharada de gasolina cada cien kilómetros —dice el vendedor.

—Un momento —contesta el cliente—. ¿Una cucharada de café o una cucharada de sopa?

———————— ☺ ————————

Dos hombres se encuentran sentados en los márgenes de un río.

—¿Por qué observa con tanta atención el río?

—Se me han caído las gafas en el Sena.

—Pero si el Sena está en París y nosotros estamos en Londres; este es el Támesis.

—¿Y cómo puedo verlo sin gafas?

Una señora sube a un tren y el jefe de estación que la está observando se le acerca y le dice:

—¡Señora, señora! ¡Que se olvida las maletas!

Y la señora le contesta:

—Para eso viajo, para olvidar.

———————— ☺ ————————

Dos comerciantes andaluces se quejan del insoportable calor que deben soportar en la región.

—¡Qué calor hace en Córdoba! La ropa que uno lleva parece que está ardiendo.

—¡Bah! Esto no es nada comparado con el calor que hace en Almería. Imagínate que a mi regreso tuve que ir al dentista.

—¿Al dentista?

—Sí, se me habían fundido tres muelas de oro.

———————— ☺ ————————

El señor MacLean iba en un taxi cuando advirtió que, a pesar de haber llegado a su destino, el vehículo no se detenía.

—¿Por qué no para usted? —grita al taxista.

—No puedo —contesta este angustiado—. ¡Se han roto los frenos!

—¡Por Dios! —contesta el señor MacLean— ¡Por lo menos pare el taxímetro!

———————— ☺ ————————

El director de un periódico inglés recibe esta nota desde Edimburgo: «Señor, si sigue usted publicando chistes sobre la tacañería de los escoceses, dejaré de pedir presado su periódico a mis amigos.»

———— ☺ ————

Un turista está recorriendo Barcelona y va una noche al barrio chino. Al pasar por delante de un espectáculo nocturno, el portero de este le anima a entrar:

—¡Pase, señor! ¡Ahí dentro se divierte todo el mundo!

—Entonces..., ¿qué hace usted fuera?

———— ☺ ————

Mientras un turista contempla el espectáculo de un pequeño lago entre altas montañas, se le acerca un guía y le dice:

—Oiga, amigo, desde aquí se oye el eco muy bien, sólo hay que gritar mucho. Diga usted muy fuerte: «¡Dos bocadillos de jamón y dos cervezas!»

El turista obedece y acto seguido escucha con atención.

—No se oye ningún eco —comenta desilusionado.

—¡No importa! —replica el guía—. De todos modos, amigo mío, ahí llega un vendedor con los dos bocadillos y las dos cervezas...

———— ☺ ————

Un turista pasea por la plaza de Cataluña de Barcelona. Contempla cómo vuelan las palomas. De improviso, siente algo que le cae desde arriba y le revienta sobre la chaqueta.

Al comprobar las notables proporciones de la mancha, mira hacia lo alto y suspira con alivio:

—¡Ah! ¡Menos mal que las vacas no vuelan!

Un inglés que se encuentra en Granada de visita turística habla con el guía que le acompaña en su recorrido por la ciudad:

—Mire usted, en la torre de San Pablo de Londres, repercute la voz de tal manera que si se dice «¡Ecooooo!», el eco responde igual.

El guía, que considera que el turista está exagerando, replica:

—¡Bah...! Poz ezo no es na pa la Alambra, que paso por ayí y digo «¡Ecoooo...!», y me rezponde el eco: «¡Vaya uzté con Dio, señó Gonsáles!»

---------------- ☺ ----------------

Un bañista inglés pregunta a un pescador:

—¿Por qué siempre que me baño en estos acantilados usted se sienta en las rocas para verme? ¿Le gusta verme nadar?

—No, señor —responde el pescador—. Es que aquí, cuando un bañista se ahoga, le dan diez mil pesetas al que encuentre el cadáver.

---------------- ☺ ----------------

Un aldeano llega a la estación de trenes y pregunta a un empleado:

—¿De dónde sale el tren que va a Barcelona?

—¿Es que no ha visto el letrero? —replica el preguntado.

—Es que no sé leer...

—¡Vaya, hombre! ¿Y para eso hemos puesto ese letrero que dice «los que no sepan leer, que sigan la flecha»?

Un loco que se encuentra hospedado en un hotel llama urgentemente por teléfono al director:

—Corra, vaya rápido, señor director. Mi mujer se quiere tirar por la ventana.

—Perdone, pero ¿por qué en vez de telefonearme no trata de impedírselo?

—Eso no importa, señor. De todos modos acuda rápido antes de que pueda cambiar de idea. ¡Es aquella maldita ventana que no se quiere abrir!

———————— ☺ ————————

Un forastero llega a un pueblo y conversa con un aldeano:

—Mi ser torista —le dice.

—Querrá usted decir turista —rectifica el aldeano.

—¡No! ¡Torista! Que a mí gustar los toros...

———————— ☺ ————————

En una pequeña localidad española un turista cayó a una profunda balsa que había cerca de la plaza del pueblo.

—¡Auxilio! ¡Socorro! ¡Que me ahogo! —gritaba el forastero.

Al oír sus desesperados gritos, acudieron varios hombres; pero en vez de echarle una soga para intentar sacarlo del agua, no se les ocurrió otra cosa que salir corriendo, mientras uno de ellos decía:

—¡No se preocupe! Ahora vamos a buscarle ropa seca...

———————— ☺ ————————

—Nosotros, los americanos —dice un turista—, tener muchos edificios como este, incluso más grandes.

—Le creo —contesta el guía—. Este edificio es un manicomio.

———————— ☺ ————————

—Oiga, taxista, ¿cuánto me cobrará por llevarme a la estación? —pregunta un individuo.

—Mil pesetas —contesta el conductor.

—¿Y por el equipaje?

—Trescientas.

—Pues cargue el equipaje, que yo iré a pie detrás del coche.

———————— ☺ ————————

Un anciano, cuando se dispone a subir a un tren, protesta porque una jovencita sube empujando y se sienta en el único asiento que queda libre.

—En mis tiempos —le dice el señor a la chica—, los jóvenes eran más educados y tenían la virtud de dejar el asiento a los mayores.

A lo que la muchacha, alzando los hombros responde:

—¡Es posible! Pero en sus tiempos las chicas no estaban embarazadas a los dieciséis años...

———————— ☺ ————————

Un profesor de matemáticas famoso por su distracción recorre, como cada día, el camino que le lleva en tren hasta la facultad donde da clases. En un momento determinado entra en el compartimiento el revisor y pide los billetes a los viajeros. El profesor empieza entonces a buscar en todos los bolsillos y no encuentra, a pesar de los esfuerzos, ningún billete. El revisor, que conoce el despiste del profesor, le dice:

—Señor profesor, deje de buscar, ya volveré más tarde.

Media hora después el revisor vuelve y el profesor está todavía buscando afanosamente su billete. Cuando el revisor lo ve se compadece de él y le dice:

—Déjelo, profesor, ya no hace falta que siga buscando.

—No hará falta para usted, pero para mí sí: no recuerdo dónde debo bajarme.

———————— ☺ ————————

—Señora maestra, ¿cómo se llama la estación que acabamos de pasar?

—A ver, déjame recordar, Pablito.

—Lo digo, porque después no va a haber forma de encontrar a Luisito, que se ha bajado en ella.

———————— ☺ ————————

En un compartimiento de tren viaja una joven pareja. El marido, con la mejor de sus sonrisas, hace cambiar de asiento a su media naranja.

Sorprendida, ella le pregunta:

—¿Es que te mareas yendo de espaldas a la máquina?

—No —responde él—. Es que, en caso de descarrilamiento, de espaldas a la máquina es más peligroso.

———————— ☺ ————————

Un individuo intenta subir a un tren, pero es empujado y cae al suelo violentamente, mientras el tren se marcha raudo y envuelto en humo.

Como siempre, uno de esos redentores como hay tantos por ahí se acerca al pobre hombre que se encuentra en el suelo y le dice como consuelo:

—Pero hombre, ¡a quién se le ocurre coger el tren en marcha!

A lo que el otro contesta enfadado:

—¡Imbécil! ¿No ve que no lo he cogido?

———————— ☺ ————————

Viajaba en un tren de Madrid un famoso humorista. Con el abrir y cerrar de las puertas en las estaciones pisó sin querer a una señora que no se avino a excusas sino que protestaba airada y gritaba sin cesar.

El humorista, que era muy tranquilo, le replicó:

—Señora, no me levante tanto la voz, que se van a creer que soy su marido...

———————— ☺ ————————

Un hombre de pueblo viajaba en tren. Llevaba las manos extendidas paralelamente a unos veinte centímetros de distancia.

Durante el trayecto pidió a su compañero de viaje varios favores:

—Por favor, ¿podría sacar el billete de mi bolsillo?

Al rato:

—¿Sería tan amable de darme un poco de agua? ¿Le importaría abrir la ventana?

El viajero, intrigado, le pregunta:

—¿Por qué lleva las manos así, sin moverlas?

—Porque voy a comprar unos zapatos para mi hijo y esta es su medida, ¿comprende?

Camino de Valladolid, una madre y sus tres hijitos toman un tren. Los pequeños son alborotadores y no dejan en paz a nadie. Los viajeros están que trinan. Por si fuera poco, la madre en cada parada pregunta:

—¿Hemos llegado ya a Valladolid? ¡Mira que si nos pasásemos...! —Se la ve muy nerviosa.— Daría cualquier cosa por que hubiera una señal anunciando Valladolid.

—¡La habrá, señora! —exclama un viajero.

—¿Es posible?

—Sí. Cuando oiga usted un suspiro de satisfacción, un suspiro que daremos todos los que estamos aquí, es que llegamos a Valladolid.

———————— ☺ ————————

Un señor asiduo al tren se acerca al jefe de estación.

—¡Felicidades, señor!

—¿Y por qué me felicita usted hoy?

—Pues porque desde hace veinte años que vengo a coger el tren cada día a esta estación y hoy es el primer día que llega puntual.

—¡Ah! Entonces guárdese las felicitaciones, este es el tren que debía haber llegado ayer hace dos horas...

———————— ☺ ————————

Un tipo iba por la carretera en un deportivo. De repente ve un rótulo que indica «Máxima a 80». El tipo disminuye la velocidad a 80. Después ve otro rótulo «Máxima a 60» y vuelve a disminuir la velocidad a 60. Al cabo de un rato otro rótulo decía «Máxima a 40». El conductor vuelve a disminuir la velocidad hasta 40, cuando le sorprende un nuevo rótulo: «Bienvenidos a Máxima».

Se sube una señora mayor a un autobús, pero este va repleto de gente y no hay lugar para que ella se siente. Nadie le cede el sitio, por lo que al bajarse del bus, dice muy enojada:

—¡Qué barbaridad! ¡En este bus no hay caballeros!

Y un borracho se levanta y le dice:

—Señora, si hay caballeros, lo que no hay son asientos.

———————— ☺ ————————

El revisor pregunta a una pasajera:

—¿Usted se llama Segunda López, señora?

—Sí. ¿Por qué?

—Pues no puede tomar usted este tren. Es un expreso y los expresos no llevan segundas.

———————— ☺ ————————

En un hospital, dos hombres que están en cama envueltos en vendajes hablan de sus cosas.

—Yo —dice uno de ellos— estoy aquí por un accidente de tren. ¿Y usted?

—Yo también —responde el otro.

—¿Cómo fue?

—Estaba haciendo el amor con la mujer del jefe de estación, cuando nos sorprendió y me golpeó con su linterna y su bandera.

———————— ☺ ————————

Una pareja que viaja en tren se queda dormida de pie mientras el tren prosigue su marcha. En la estación siguiente se bajan unos pasajeros, dejando así libres sus asientos.

La señora despierta al marido y golpeándole suavemente la espalda le dice:

—¿Quieres venir conmigo allá abajo, querido?

Y el marido, adormecido aún, responde:

—¡Imposible, preciosa, estoy con mi mujer...!

———— ☺ ————

Un abuelo y su nieto de ocho años pasean por la plaza Roja de Moscú. Al ver la estatua de Karl Marx, el niño pregunta:

—Abuelito, ¿quién fue ese señor?

—Fue el que dio las directrices para que nos quitasen las cadenas.

Al cabo de un rato pasan ante una estatua de Lenin.

—Abuelito, ¿quién fue ese señor?

—Fue el que empezó a quitarnos las cadenas.

Por fin llegan ante una estatua de Stalin.

—Abuelito, ¿y este señor quién fue?

—Fue el que acabó de quitarnos las cadenas.

—Abuelito, ¿qué eran las cadenas?

—Pues eran unas cosas de oro que llevábamos por encima del chaleco.

———— ☺ ————

Gedeón compra un billete de segunda para un viaje en tren. Una vez ha subido en él, se pasa a primera clase.

Cuando ya lleva un buen rato de viaje, entra el revisor y le pide el billete.

Gedeón se lo entrega. El revisor al comprobar que es un billete de segunda le dice:

—¿Por qué va en clase superior a la que ha pagado?

—¡Ay, señor revisor! Porque aquí se va de primera.

Un revisor de tren le dice a una señora:

—Esto que lleva es un billete de andén.

—¡Pues claro! —contesta la señora. Y añade tranquilamente—: Cualquiera compra de los otros al precio que están...

———— ☺ ————

Una señora sube al compartimiento de un tren acompañada de su hijo. Al presentarse el revisor, ella dice:

—Este niño no paga billete.

—No, señora —responde el revisor—. El niño no lo paga, pero lo pagará usted por él.

———— ☺ ————

Dos amigos se encuentran un viernes en el aeropuerto de Barajas.

—Hola, ¿adónde vas?

—Voy a pasar el fin de semana en Barcelona.

—¿Sin tu esposa?

—Perdona, cuando tú vas a Madrid, ¿te llevas a tu esposa?

———— ☺ ————

En el expreso Barcelona-Madrid, el revisor entra en un compartimiento de primera clase y, llevándose correctamente la mano a la gorra, ruega a los señores pasajeros que muestren sus billetes. El primero, displicente, dice:

—Diputado.

—Diputado —responde el segundo, sin levantar siquiera la vista del periódico.

—Diputado —repite el tercero.

—¿Y usted? —inquiere el revisor al cuarto pasajero. Y este, sacándose el billete del bolsillo, lo muestra exclamando:

—¡Elector!

———————————— ☺ ————————————

Un pasajero, al entrar en su compartimiento de tren, encuentra a tres pasajeros riendo a mandíbula batiente. Al recién llegado aquella sana alegría le produce muy buena impresión y se las promete felices en aquel viaje. Aguza el oído para, en la primera ocasión, intentar tomar parte de aquella agradable tertulia.

—¡Cuarenta y siete! —dice uno de los viajeros. Y todos estallan en una gran carcajada.

—¡Ciento treinta y tres! —dice otro. Y se revuelcan de risa.

—¡Veintisiete! —exclama el tercero. Y la alegría llega al colmo.

Nuestro hombre, a la vez extrañado y curioso, no deja de devanarse los sesos intentando descubrir aquel juego, toda aquella alegría de la que no comprende la causa.

—Perdone —le explica uno del grupo—, somos viejos amigos que sabemos una gran cantidad de chistes graciosos, pero que no repetimos para no hacernos pesados. Los hemos numerado y así, con sólo decir el número, todos recordamos a cuál se refiere y nos lo pasamos en grande.

———————————— ☺ ————————————

Un tren cruza raudo la campiña gallega. Va casi vacío. En un compartimiento, dos caballeros leen *La Voz Gallega*.

De pronto, uno de ellos arrebata el periódico a su vecino y le espeta:

—Perdone mi atrevimiento, señor.

—¡Oh, no! Dígame, ¿qué ocurre?

—¿Usted cree en los fantasmas?

—¡En absoluto! —contesta el interpelado con una sonrisa.

—Pues hace usted muy mal.

Y desapareció como por ensalmo.

--- ☺ ---

Un hombre circulaba tranquilamente por una carretera cuando, en cierto tramo de su recorrido, vio un cable que cruzaba transversalmente el pavimento; era evidente que estaba conectado a un contador automático.

Un coche pequeño que iba delante de él se detuvo justamente encima del cable, sobre el cual sólo había pasado sus ruedas delanteras. Dos fornidos muchachos saltaron del coche y, levantando en el aire la parte trasera del vehículo, lo movieron hasta ponerlo al otro lado del cable.

Luego montaron nuevamente en el coche y siguieron su camino.

Más adelante, en un lugar de descanso, el señor reconoció a los muchachos y, picado por la curiosidad, les preguntó:

—¿Por qué habéis levantado y movido el coche por encima del cable?

Uno de los jóvenes explicó:

—Siempre hacemos lo mismo. ¿Puede imaginarse la perplejidad de los ingenieros de tráfico al ver que todas sus estadísticas reflejan el paso de «medio automóvil»?

En un compartimiento de ferrocarril, dos señoras discuten acaloradamente:

—No le permito abrir la ventanilla. Estoy muy delicada y un resfriado podría ser fatal para mi salud.

—Pues, de continuar con la ventanilla cerrada, me expongo a morir por falta de aire. ¡Y también mi vida vale lo suyo, caramba!

El jefe de tren, perplejo, no sabía qué decisión tomar, cuando se le acerca uno de los viajeros para decirle:

—No lo dude un momento. Ordene que abran la ventanilla para que se muera una, y después mande que la cierren para que se muera la otra. De este modo, los demás pasajeros seguiremos el viaje tranquilos y sin discusiones.

——————— ☺ ———————

En un tren lleno hasta los topes, los pasajeros tienen que abrirse paso a empujones y codazos para salir cuando llega su parada. Una señora muy peripuesta se encara con un caballero que trata de alcanzar la puerta.

—¡Vaya educación! Podría pedir usted permiso si desea apearse.

—Pero —replica el hombre—, ¿es que no puedo bajar sin el permiso de usted?

——————— ☺ ———————

Un par de colegas se encuentran poco antes de comenzar las vacaciones de Navidad.

—Hola, ¿qué tal se presentan las próximas fiestas?

—¡Estupendas! Mi mujer ha decidido ir a pasarlas con su madre...

En un tren un pasajero se dirige al de al lado y sonriendo le dice:

—Si alguien entrase ahora y se sentara sobre su sombrero, ¿qué pensaría de él?

—¡Que es un cretino!

—¡Ah! ¿Ve? ¡Usted se ha sentado sobre el mío!

☺

Un lindo pueblecito a orillas del mar en la Costa Brava. A un lado, una iglesia románica. Por la carretera de la costa va un moderno automóvil a toda velocidad, ocupado por una pareja de jóvenes.

—Oye, querido —dice ella—, ¿por qué no preguntas dónde estamos?

—¿Para qué? —responde él sin aminorar la marcha—. Dentro de cinco minutos ya no vamos a estar aquí...

☺

En el andén de una estación de tren un impaciente viajero se queja al jefe de estación:

—¡Oiga, el tren que tenía que tomar lleva un retraso de media hora!

—No se preocupe, su billete es válido para tres días.

☺

Un pasajero pierde la paciencia esperando el tren.

—Jefe, ¿no llega nunca este maldito tren?

—¡Todavía ocho minutos, señor!

—¡Pero tengo prisa!

—¡Entonces, si quiere ganar tiempo, vaya en su busca!

Un viajero se dirige a toda prisa a una estación para coger su tren, pero llega tarde y ve cómo este desaparece por una curva; desesperado, empieza a lamentarse en voz alta:

—¡Qué rabia! ¡Qué desgracia! ¿Y ahora qué hago? ¡Tengo que ir a la ciudad! ¡Oh, pobre de mí! ¡Qué desgracia! ¿Cómo he podido perder el tren?

Una señora mayor se le acerca y amablemente le pregunta:

—¿Hace cuánto que lo ha perdido?

—Dos minutos.

—¡Sólo dos minutos! ¿Y no cree que está exagerando? ¡Al oírle pensé que hacía un mes que lo había perdido!

——————— ☺ ———————

Un revisor de tren descubre a uno que viaja en primera con un billete de segunda.

—¿Y usted cómo se encuentra aquí? —le pregunta severamente.

—Nada mal, gracias —responde el pasajero.

——————— ☺ ———————

Una chica soltera sube a un tren y se sienta ante un señor muy correcto y calvo que lee el periódico. Al cabo de un rato, el señor se quita el abrigo, lo deja a un lado y continúa leyendo. Pero el calor todavía le molesta y se quita la chaqueta y la corbata. Reemprende la lectura del periódico, pero el calor aún le sigue impidiendo sentirse cómodo. Se quita los calzoncillos. Queda completamente desnudo y se dispone a leer holgadamente el periódico ante la joven, que parece que va a sufrir un ataque de nervios.

Entonces el caballero se levanta, busca la maleta y saca un puro y un encendedor. Pero en ese momento tiene un pequeño escrúpulo, se inclina hacia la señorita y le dice con la más exquisita educación:

—Perdón, señorita, ¿le molesta el humo?

———————— ☺ ————————

Un misionero llega a una isla. Al bajar del barco se le acerca un pequeño indígena.

—¡Buenos días, *bwana*! ¡Bienvenido! ¿Te ayudo a llevar las maletas?

—¡Gracias, pequeño! —responde el sacerdote—. Pero no me llames *bwana*, llámame padre...

—¡Oh, qué alegría! ¡Al final has vuelto! ¡Qué contenta va a estar mamá! Ella creía que no volverías jamás.

———————— ☺ ————————

Un fabricante de calzado decide ampliar su negocio de exportación. Envía a dos vendedores en viaje de negocios a una región africana, aún bastante virgen.

Al cabo de dos meses recibe un telegrama de uno de ellos: «Mercado imposible. Todos van descalzos.»

Casi al mismo tiempo recibe un telegrama del otro: «Expida rápido mercancía. Mercado maravilloso. Aquí todos van descalzos.»

———————— ☺ ————————

Se detiene el tren y sube una señora de dimensiones colosales. Después de cruzar la puerta con grandes esfuerzos se queda en el pasillo porque el vagón va lleno.

Arranca el tren y aquella mole, después de oscilar majestuosamente, cae sobre un caballero que va sentado leyendo.

El hombre, superada la primera impresión, guarda el periódico, se levanta y ofrece el asiento a la señora.

—¡Gracias, caballero! ¡Cuánta galantería! —dice la señora mientras se sienta.

—No es por galantería, señora —replica el hombre—; es en defensa propia.

———————— ☺ ————————

Un londinense que va hacia Edimburgo comparte su departamento de ferrocarril con un escocés de edad avanzada y rostro preocupado.

En cada estación a la que arriban, el escocés se levanta presuroso, desciende del tren y a los pocos minutos regresa jadeante. El inglés, intrigado, se decide por fin a preguntar a su compañero de viaje la razón de semejante conducta. A lo que el escocés responde:

—Sucede que fui a Londres a la consulta de un famoso cardiólogo para que me visitara. Me dijo que estaba muy mal y que si no me cuidaba podía caerme muerto cuando menos lo pensara. ¡Por eso voy comprando el billete de estación en estación! ¿Comprende?

———————— ☺ ————————

Dos pasajeros de un tren dialogan durante el trayecto:

—Diga, amigo, ¿usted qué lleva, primera, segunda o tercera?

—Yo, tercera, porque no hay cuarta.

—Pues ya verá lo que le pasa...

Acto seguido el tren inicia una cuesta muy pronunciada y empieza a fallar la máquina hasta que el tren se detiene.

—Ahora viene eso de la diferencia de clases... —recuerda el pasajero.

Se oye la voz del maquinista que grita:

—¡Señores viajeros!, los de primera, sentados; los de segunda, a pie; los de tercera, a empujar.

———————— ☺ ————————

Un tren hace la parada obligatoria en una estación. En ella sube un señor con el brazo arqueado hacia la cintura. Todos los pasajeros se le quedan mirando sorprendidos. Uno que es más atrevido le dice:

—Oiga, amigo, ¿por qué se le quedó el brazo así? ¿Algún accidente?

Y el recién llegado se queda mirando su brazo y, muy extrañado, exclama:

—Pero, hombre, si yo el brazo lo tengo sanísimo. Lo que yo quisiera saber es quién ha sido el sinvergüenza que me ha robado la gallina que llevaba para mi suegra.

———————— ☺ ————————

Como premio por haber aprobado todas las asignaturas, un padre decide recompensar a su hija llevándola a visitar Madrid. Es la primera vez que la pequeña sube a un tren; al ver los vagones llenos de viajeros, pregunta sorprendida a su padre:

—Papá, ¿todos estos señores también han sido aprobados?

En un tren camino de Zaragoza, dos baturros conversan sobre lo largo que resulta el viaje. Uno de ellos saca el reloj y dice:

—¡Anda, ya son las cuatro! Siete horas hace que salimos del pueblo y todavía no se ve Zaragoza.

—¡Siete horas ya! Chico, ¿sabes que el mundo es más largo de lo que parece?

———————— ☺ ————————

Un pasajero da conversación al del asiento vecino:

—¿Es usted italiano?

—Oui.

—¡Ah! ¿Es usted francés?

—Yes.

—¿Se está usted burlando de mí?

—¡No, hombre, de ningún modo!

———————— ☺ ————————

El consejero de una compañía de ferrocarriles viaja tanto que ya le conocen todos los interventores, quienes se limitan a saludarle sin pedirle ni billete ni carné.

El tal consejero es un hombre muy pagado de sí mismo y le halaga que todos le conozcan.

Un día que toma el tren, acierta a entrar de servicio un inter-ventor nuevo que no le conoce de nada. Como es natural, pide el billete a todos los viajeros, incluso al consejero en cuestión. Este, herido en su amor propio, exclama:

—Pero..., ¿no me conoce usted?

—No, señor; y le agradeceré que me dé su billete.

—Mi cara es mi billete —contesta el consejero con pomposidad.

—¿Ah, sí? —dice el interventor amenazando mientras se remanga—. Pues a mí me han dicho que taladre todos los billetes de esta línea, conque... ¡ya puede usted irse preparando!

———————— ☺ ————————

Un revisor de tren llama la atención de un pasajero que está fumando en el vagón.

—Usted está contraviniendo una disposición, señor; en este coche no se puede fumar. Está escrito allí arriba, mire: «Se prohíbe fumar.»

—Usted también está contraviniendo otra disposición, señor revisor. ¿Acaso está usted comiendo queso Ovejita? ¡No! Y, sin embargo, mire lo que hay escrito allá arriba: «Coma queso Ovejita.»

———————— ☺ ————————

En un compartimiento de tren un anciano campesino llena la pipa con cuidado e intenta encender una cerilla de madera frotándola sobre sus pantalones. Un señor que se encuentra frente a este y a quien indudablemente no le gusta fumar, le indica el cartel de «Se prohíbe fumar». El anciano, que es analfabeto, mira el cartel, frota contra el mismo la cerilla y enciende tranquilamente su pipa.

———————— ☺ ————————

Un rudo provinciano que estaba de paseo por Madrid pregunta a un transeúnte que iba camino del trabajo:

—Oiga, por favor, ¿me podría decir qué autobús tengo que coger para ir a ver el museo del Prado?

—Sí, aquí mismo, coja el número 48.

A mediodía, el hombre vuelve del trabajo para ir a comer y se encuentra que el individuo está todavía esperando en la parada del autobús.

—Pero ¿qué hace todavía aquí? Le dije que cogiera el 48.

—¡Claro! Y ya han pasado cuarenta y tres autobuses.

---------- ☺ ----------

En un vagón de tren viaja un muchacho con su sobrinita de cinco años, que no para de preguntarle el porqué de esto y de aquello. Al final, el joven tío pierde la paciencia y la manda callar.

Una señora muy fea, que se encuentra sentada junto a ellos, se dirige a la pequeña y le dice:

—Ya me puedes preguntar a mí, niña.

Entonces la pequeña pregunta triunfante:

—Señora, ¿por qué tiene usted bigote?

---------- ☺ ----------

El interventor revisa el billete de un pasajero y le dice:

—Caballero, con este billete sólo puede usted viajar en un rápido.

El viajero, ingenuo, responde:

—¡Oh, no importa! Diga al maquinista que vaya más despacio; no tengo prisa.

---------- ☺ ----------

Después de un viaje muy largo y lento en ferrocarril, un pasajero, molesto, pregunta al maquinista:

—¿No podía usted haber ido más aprisa?

—Habría podido —contesta el maquinista—, pero no podía abandonar la locomotora.

——————————— ☺ ———————————

Cuatro hombres juegan al póquer en el expreso París-Marsella.

Junto a ellos otro está mirando. Una señora se acerca a este y le pregunta:

—¿Usted no juega al póquer?

—No, comprenderá que mi profesión...

—¿Cuál es su profesión, si no es indiscreta la pregunta?

—Soy el proveedor del rey.

—¿Proveedor del rey? —dice la señora asombrada—. Querrá usted decir de la República.

—No, no, señora, como le digo. —Y bajando la voz, continúa—: Verá usted, cuando mi amigo tiene tres reyes en la mano, yo le proveo del cuarto.

——————————— ☺ ———————————

Es bien conocida la aglomeración habitual del tren en horas punta. Un joven consigue subir y sujetarse agarrándose por el exterior. Un señor desde la plataforma, le advierte:

—¡Cuidado, joven podría caerse!

—¿Por qué no se ocupa de sus asuntos? —contesta este molesto.

—Es precisamente lo que estoy haciendo —responde el señor—. Soy miembro de la Sociedad Protectora de Animales.

En la ventanilla de billetes de una estación de ferrocarril se presenta un campesino que ha decidido realizar un viaje en tren por primera vez en su vida.

—¡Pronto! ¡Un billete por favor!

—Pero, ¿adónde va?

—Usted no se meta en lo que no le interesa. ¡Deme un billete y basta!

———————— ☺ ————————

En una estación de ferrocarriles secundarios, un empleado dice a su jefe:

—Un pueblerino pide el libro de reclamaciones.

El jefe responde:

—¡Ah!, ¿la vaca de siempre, arrollada por uno de nuestros vagones?

—No exactamente. El campesino se queja de que nuestros trenes avanzan tan despacio que los viajeros lo aprovechan para apearse y ordeñar las vacas que están paciendo.

———————— ☺ ————————

Un señor que viaja en tren se da cuenta de que un muchachito que está sentado delante de él no le quita los ojos de encima. El señor llega a un punto que se pone nervioso y le pregunta:

—Pero, ¿se puede saber por qué me miras de ese modo?

—Mire, aparte de los bigotes, ¡es que usted es clavadito a mi tía!

—Si yo no llevo bigotes.

—Usted no, pero mi tía sí.

Un pasajero pregunta al maquinista de un tren:

—¿Usted siempre va con retraso?

—No, cuando voy a pie, llego con antelación.

———————— ☺ ————————

Llega un tren a una pequeña estación. Pálido y desencajado, un viajero desciende del vagón y saluda a un amigo que ha ido a esperarlo.

—¿Qué te ocurre que traes esa cara? —pregunta el amigo.

—Estoy descompuesto —responde el viajero.

—¿Es que te ha sentado mal el viaje? —inquiere preocupado por el mal aspecto del recién llegado.

—No siempre. Depende de donde vaya sentado. Cada vez que viajo de espaldas a la dirección en que avanzamos, me descompongo.

—¡Caramba! ¿Y por qué no le pediste al que viajaba frente a ti que cambiase su asiento por el tuyo?

—Pensé hacerlo, pero es que el asiento que había frente al mío estaba desocupado.

———————— ☺ ————————

Dos individuos desconocidos viajan solos en un compartimiento de ferrocarril. Al poco rato, uno de ellos saca un reloj del bolsillo, lo mira rápidamente y vuelve a guardarlo en su sitio.

—¿Qué hora es? —le pregunta su compañero.

—No lo sé.

—Pero, ¿no acaba usted de sacar el reloj?

—Sí, señor. Pero lo he sacado para comprobar que aún lo tenía en el bolsillo.

Un revisor de tren entra en un compartimiento de primera clase y se encuentra a una pareja de jóvenes totalmente desenfrenados.

—¿Qué? —les dice guiñando el ojo—. ¿Trabajando, eh? ¿Acaso están de viaje de novios?

—Pues sí, señor —contesta el joven—. Ella se tiene que casar la semana que viene.

———————— ☺ ————————

Un hombre de provincias ha de ir con su hijo a la ciudad y decide hacer el viaje en tren. Es la primera vez que emplea este medio de locomoción.

Cuando llega a la estación, se coloca en la cola para sacar los billetes. Delante de él va una señora que, al tocarle el turno, pide al de la ventanilla:

—Por favor, deme un billete para Dos Hermanas (pueblo de Andalucía).

Cuando le toca la vez, dice muy serio:

—Y a mí deme uno para un padre y un hijo.

———————— ☺ ————————

Un automovilista entra con su seiscientos en un taller.

—Por favor, lávenme el coche —dice.

—Llega usted a punto —dice el propietario—, mi mujer está lavando los cacharros...

———————— ☺ ————————

En una pequeña estación de tren, un viajero se acerca al jefe de estación para charlar. El viajero le da un puro y el jefe en recompensa le dice en tono confidencial:

—Siempre que viaje usted en tren, nunca se ponga en el último vagón, porque en caso de haber descarrilamiento, es el que sufre más daños.

—En ese caso, ¿para qué lo ponen? —le replica el viajero con sorna.

——————— ☺ ———————

Dos campesinos de rostro quemado y manos encallecidas deciden tomarse una merecidas vacaciones en un exótico país de magníficas playas. Ya en la playa, cuando se disponen a darse un baño en el mar, uno de ellos comenta al otro:

—¡Uf! Ya era hora de que también tomáramos el sol en el cuerpo. ¿No te parece, Sempronio?

—Desde luego —asiente su compañero—. Es la primera vez que me baño desde que era chico.

——————— ☺ ———————

Una mujer muy vieja y gorda dice a un pasajero que va sentado:

—Hace treinta años, caballero, se hubiera apresurado a dejarme el asiento.

—Seguramente, señora, pero es que ahora necesita usted dos asientos —contesta él.

——————— ☺ ———————

Unos recién casados vuelcan con el coche. La mujer pierde el conocimiento y el marido no sufre el menor rasguño.

Afortunadamente, poco después llega un médico que intenta reanimar a la señora dándole bofetadas.

Al ver aquello, el esposo, suplicante, le dice:

—Doctor, doctor, por favor, ¿no le importa que lo intente yo? ¡Hace ya tiempo que esperaba una ocasión para abofetearla!

———————— ☺ ————————

Dos automovilistas han devorado kilómetros durante casi todo el día. Cuando regresan ya es de noche. Sospechan que han tomado mal una bifurcación de la carretera y que caminan equivocadamente.

—¿Nos habremos perdido?

—¡Tendría gracia que nos perdiéramos! —exclama uno.

De pronto el conductor lanza un grito de alegría.

—¡Vamos por buen camino! —dice.

—¿Cómo lo sabes?

—Fácilmente..., fíjate: ¿ves esas dos personas tumbadas en medio de la carretera?

—Sí.

—Pues son el cartero y la chica del pueblo que atropellamos esta mañana. ¿Te acuerdas?

———————— ☺ ————————

Un joven invita a una linda muchacha a dar un paseo en coche; ella no se hace de rogar.

Ya llevan un buen rato dando vueltas y charlando en el coche cuando él dice:

—Querida, tengo que confesarte algo muy grave. Soy casado.

La muchacha estalla en carcajadas y replica:

—¡Qué susto me has dado, chico! ¡Creí que me ibas a decir que el automóvil no era tuyo!

En un compartimiento de tren viaja solo un loco entretenido en la lectura de un libro.

Al rato se abre la puerta de un manotazo y entra un hombre enmascarado que, apuntándole con una pistola, dice en tono amenazador:

—¡Rápido! ¡Deme su billetero!

El loco se vuelve asustado y cuando ve de quién se trata empieza a reírse.

—¿De qué se ríe tanto? —pregunta el ladrón.

—Muy simple. Es que en el bolsillo no llevo ni una peseta. Y por un momento he temido que se tratase del controlador de billetes, porque tampoco tengo billete.

———————— ☺ ————————

Un agente de tráfico detiene un automóvil en la carretera, hace bajar al conductor del vehículo y le pide la documentación.

De pronto el agente repara en algo que le llama la atención.

—¿Y la matrícula? —pregunta extrañado—. ¡Este coche no lleva matrícula! ¡Esto le va a costar muy caro!

—Es que se la está comiendo aquella vaca —responde el conductor, señalando hacia una enorme vaca que andaba por allí mordisqueando la chapa.

—¿Y eso? —pregunta estupefacto el agente de tráfico.

A lo que responde el dueño del automóvil:

—¡Es que era matrícula verde...!

———————— ☺ ————————

Junto a una de las vías de salida de Barcelona hay un individuo haciendo autostop.

De pronto un automóvil para. El autostopista pregunta a su conductor:

—Caballero, ¿usted va a Valencia?

—No. Señor —responde el del coche.

Al oír aquello, el individuo sube al vehículo, mientras comenta:

—¡Ah, muy bien! Pues iremos juntos, porque yo tampoco voy a Valencia.

———————— ☺ ————————

Un automóvil vuelca en plena calle causando los consiguientes estropicios. El conductor queda aprisionado bajo del coche.

Un agente de la guardia urbana se acerca y le dice:

—Oiga, amigo, es inútil que se esconda usted. Deme su nombre y su dirección.

El del coche logra a duras penas incorporarse y contesta:

—Oiga, agente, el nombre se lo puedo dar; pero la dirección la acabo de perder...

———————— ☺ ————————

Atravesando una comarca agrícola, a un automovilista se le cruzó de pronto un cerdo en la carretera y, por más que apretó el freno, no pudo evitar el encontronazo y el animal fue lanzado a varios metros de distancia. El conductor bajó de su coche y recogió el maltrecho cerdo, que se debatía sobre el asfalto. Ya tenía el hombre el maletero abierto para colocarlo allí cuando apareció un campesino.

—¡Eh! ¿No irá a decirme que va a llevarlo al hospital?

Un chico y una chica recorrían en coche una transitada carretera de campo. Mientras iban admirando el paisaje, la chicha suspira y pregunta:

—¿Es realmente peligroso conducir un coche tan pequeño como este con una sola mano?

—Naturalmente —responde el joven—. Hace poco un amigo mío, por conducir así, ha acabado... en la iglesia.

———————— ☺ ————————

Un guardia de carretera para a una anciana que conduce su coche a más de ciento sesenta kilómetros por hora.

—¡Perdone, señora, pero va usted a mucha velocidad!

—Agente le garantizo que ni un solo momento he pasado de los treinta kilómetros por hora.

—Señora, lo que usted está mirando es el termómetro.

———————— ☺ ————————

Un director de hotel amenaza a un cliente:

—¡Usted no saldrá de aquí hasta que haya pagado la cuenta!

—Y entonces, dígame... ¿qué tiempo hace aquí en invierno?

———————— ☺ ————————

Un agente de tráfico se acerca a un señor que conduce un coche algo viejo.

—¿No lleva usted cuentakilómetros en su coche?

—No lo necesito —contesta el conductor.

—¿Por qué? —se extraña el agente.

—Porque cuando voy a sesenta por hora, trepidan los frenos; a noventa, es todo el coche el que trepida, y a más de noventa, me castañean a mí los dientes...

——————— ☺ ———————

La central de policía recibe una llamada telefónica desesperada:

—Oiga, ¿policía? Vengan rápido, lo que me pasa es horroroso.

—Explíquese.

—Estoy en mi coche..., me lo han robado todo: el volante, el tablero de mandos, los pedales, y no puedo irme.

—Pero, ¿dónde está?

—Espere, ahora se lo digo..., estoy en mi coche..., estoy sentado... ¡Por Dios, no se preocupe, lo he encontrado todo! Es que me había sentado en el asiento trasero.

——————— ☺ ———————

Un automovilista, después de haber atropellado a siete peatones, se estrella contra un escaparate. Tres días después, se despierta en la cama de un hospital y ve a un médico que le está examinando.

—¿Y bien? —le pregunta.

—Pues tengo los resultados de los análisis: hay muy poca sangre en su alcohol.

——————— ☺ ———————

Una víctima de accidente reprende al automovilista que le ha atropellado:

—Me ha destrozado usted una pierna. Deberá indemnizarme con un millón de pesetas.

—¿Un millón? ¿Es que me ha tomado usted por un millonario?

—¿Y usted me ha tomado por un ciempiés?

☺

Un motorista de tráfico sigue con persistencia un pequeño y curioso utilitario: cada cinco o seis segundos, el coche da un salto y se eleva unos diez centímetros del suelo. El guardia lo alcanza y pregunta al conductor:

—Pero, ¿qué le pasa a esta especie de langosta?

—¿Se refiere usted a mi coche? Nada —contesta el otro—. Soy yo, que tengo hipo.

☺

En un margen de una carretera un hombre hace auto-stop. Mediante la señal habitual con el dedo pulgar, logra detener un coche con matrícula de Madrid.

—Puesto que va usted a la capital —dice al conductor—, ¿sería tan amable de llevar este paquete?

—Desde luego, pero ¿dónde debo dejarlo?

—Ah, por eso no se preocupe —responde el autostopista abriendo la portezuela—, iré yo con él.

☺

Un campeón automovilístico cuenta a sus amigos:

—Un coche fantástico. No me cansaré jamás de conducirlo. Ayer, por ejemplo, empezó a devorar la carretera y cada vez iba más deprisa, cada vez más deprisa...

—¿Y luego? —preguntan los amigos.

—Luego se detuvo. ¡Seguramente cogió una indigestión!

———————————— ☺ ————————————

El hijo de un ferroviario acude a la escuela por primera vez. A su regreso, su madre le pregunta:

—¿Qué te ha parecido la escuela?

—Muy mal, mamá.

—¿Por qué?

—Todos son unos mentirosos. En la puerta estaba escrito «Primera clase» y, en cambio, los asientos eran de madera.

———————————— ☺ ————————————

Un extranjero que visita Nápoles pregunta al propietario de un restaurante:

—¿Son buenos sus macarrones?

—¿Que si son buenos? —contesta el dueño—. Imagínese que los forasteros que los prueban salen de aquí hablando con acento napolitano.

———————————— ☺ ————————————

Un joven abogado todavía sin clientela, para darse importancia, hace que su cliente espere una hora. Cuando finalmente el letrado decide recibirlo, el cliente replica muy molesto:

—¡Hace una hora que espero!

—¿Y se queja? Yo he tenido que esperar que usted acabara de esperar.

Un señor acaba de llegar a una ciudad y busca alojamiento. Después de haber recorrido varios hoteles sin éxito, acaba en un local de dudosa categoría, situado a las afueras. El dueño de la casa le acompaña a su habitación.

—Me parece que estas sábanas están sucias —comenta el cliente.

—¡Qué raro! —contesta el propietario—. Todos los que durmieron con ellas esta semana no dijeron nada.

———————— ☺ ————————

Dos amigos conversan sobre las vacaciones.

—Mi esposa quiere pasar este verano en la playa, mi hija en la montaña, mi suegra quiere ir a su pueblo y mi madre, en cambio, desea quedarse en la ciudad.

—¿Y al final adónde irás?

—Al manicomio.

———————— ☺ ————————

Junto a las ruinas de un antiguo templo griego, una señora norteamericana posa para una fotografía.

—Procure no fotografiar mi automóvil —dice al fotógrafo—, mi marido creerá que he sido yo quien ha destruido el templo.

———————— ☺ ————————

El director de un parque zoológico que está de viaje recibe un telegrama de su secretario:

—Nuestro chimpancé se aburre. Es evidente que le falta un compañero. ¿Qué debemos hacer en espera de que usted regrese?

Dos empleados de una compañía de ferrocarriles mantienen la siguiente conversación.

—Oye, ¿es cierto que el maquinista Gómez ha sido despedido porque entró en el despacho del jefe de estación sin pedir permiso?

—Sí, así es.

—Pues me parece que la sanción ha sido demasiado severa.

—Sí, pero ten en cuenta que entró en el despacho... con la locomotora.

———————— ☺ ————————

Dos amigos se encuentran casualmente en el puerto de Marsella justo en el momento en que uno de ellos acaba de desembarcar.

—Hola, Alfredo. ¿Cómo estás?

—Pues bien, ya ves, llego de un viaje. ¿Y tú?

—También estupendamente. Pero cuéntame, ¿de dónde vienes?

—De Groenlandia.

—¿De Groenlandia? ¡No debe de hacer mucho calor por allí!

—¿Calor dices? Hacía tanto frío que tenía que ponerme los guantes para lavarme las manos.

———————— ☺ ————————

Durante una recepción diplomática, el embajador ruso pide un aperitivo. Se lo sirven con una corteza de limón. El ruso examina la bebida y la rechaza con este comentario:

—En Rusia pueden encontrarse a veces moscas en los vasos, pero cortezas de fruta, nunca.

Un aficionado a la caza explica a sus amigos sus aventuras en un safari por África.

—Y cuando entré de nuevo en la tienda, me encontré ante un enorme gorila.

—¿Y qué pasó?

—¿Qué es lo que creéis que hice? —pregunta intrigante el protagonista.

Un malicioso contesta:

—Darle la vuelta al espejo.

———————— ☺ ————————

Un viejo campesino pasa unos días en Madrid por primera vez en su vida. Cuando regresa al pueblo, los amigos le preguntan sobre sus impresiones.

—¿Sabéis que he tenido que pagar diez mil pesetas al día por la habitación del hotel?

—Desde luego, es mucho. Pero en compensación habrás visto cosas maravillosas.

—¡Ni hablar! Si pago una cantidad así por una habitación de hotel, quiero aprovecharla hasta el final: no salí ni un momento de ella.

———————— ☺ ————————

Dos águilas estaban volando juntas entre las nubes cuando, de pronto, pasa por encima de sus cabezas un avión a reacción que deja tras de sí una larga estela de humo.

—Este pajarraco tiene mucha prisa —dice una de las águilas.

—También la tendrías tú —contesta la otra— si se te quemara la cola.

Una anciana, harta ya de tanto ruido, sugiere amablemente a un niño que viaja junto a ella en tren:

—Pequeño, ¿por qué no tiras de una vez este silbato por la ventana?

A lo que el niño responde:

—No le veo la necesidad, señora. Tengo otros tres.

———— ☺ ————

Una señora envía a su asistenta a la estación de tren.

—Pero, ¿cómo? ¡Te mando a la estación para ver a qué hora sale el tren de Bilbao y vuelves al cabo de dos horas!

La asistenta contesta:

—Claro, he tenido que esperar a que saliera para saber la hora que era, ¿no?

———— ☺ ————

Un señor esperaba a un amigo para pasar unos días juntos, pero recibe el siguiente telegrama: «Perdido tren. Stop. Saldré mañana a la misma hora.»

El hombre se queda atónito y comenta para sí mismo:

—Pues si mañana sale a la misma hora volverá a perder el tren.

———— ☺ ————

Una señora viaja por primera vez en un trasatlántico. Poco después de zarpar el barco, un oficial acude a su camarote, llama a la puerta y atentamente le pregunta:

—¿Todo bien, señora? ¿Le gusta su camarote?

—Muchísimo —contesta la señora—. Es muy cómodo. —Y señalando los ojos de buey añade—: ¡Parece mentira las cosas que caben en estos pequeños armarios de pared!

———————— ☺ ————————

Dos cosmonautas muy dados a las bromas charlan en el espacio.

—A decir verdad, el cosmonauta Titov, cuando miraba la Tierra desde la nave espacial, debía de estar muy asombrado...

—¿Por qué?

—Porque tenía los ojos fuera de la órbita.

———————— ☺ ————————

Dos transeúntes discuten frente a un enorme rótulo.

—¿No se ha dado usted cuenta de que el cartel está al revés?

—¿Y usted no se ha dado cuenta de que se trata de la propaganda de un producto contra el mareo en avión y que por consiguiente tienen que leerlo desde el aire?

———————— ☺ ————————

Una persona muy meticulosa pide información en la estación de tren.

—Disculpe, ¿el próximo tren para Bilbao?

—Le conviene tomar el directo de las trece: va directo a Bilbao.

—¿Y en las curvas?

Dos amigos de diferentes puntos de vista hablan de motos.

—¿Te gusta mi motocicleta? Ahora que estoy motorizado podré darme la satisfacción de ver un poco de este mundo.

—Sí, y del otro también...

———————— ☺ ————————

Unos estudiantes se ponen a prueba.

—Tú que estás fuerte en geografía, ¿recuerdas cómo se llama la capital de Birmania?

—De Birmania... de Birmania... la tengo en la punta de la lengua...

—¡Déjamela ver!

———————— ☺ ————————

Un muchacho viaja por primera vez en tren y de pronto el convoy atraviesa un larguísimo túnel. Al volver a la luz, el niño exclama:

—Mamá, mamá, mira, ya estamos a mañana.

———————— ☺ ————————

Dos campesinos comentan mirando sobre sus cabezas:

—Aquel helicóptero hace media hora que está parado en el aire.

—Se le debe haber terminado la gasolina.

———————— ☺ ————————

Dos compañeros comentan la prensa:

—¿Has leído el periódico de hoy?

—Un tren ha chocado con un tractor de quinientos caballos.

—¿Y murieron todos? Me refiero al tractor y a los caballos.

———————— ☺ ————————

Dos estudiantes conversan sobre geografía.

—¿Cómo pudieron darse cuenta los hombres de la Antigüedad de que la Tierra era redonda?

—Seguramente lo dedujeron observando el mapa.

———————— ☺ ————————

Dice un maestro:

—Cuando Colón descubrió América, corría 1492.

Un alumno le interrumpe.

—¿A qué promedio iba, profesor?

———————— ☺ ————————

Dos niños se encuentran en una estación. Al pasar el tren, uno de ellos pregunta al otro:

—Si aquel tren fuera de chocolate, ¿por dónde empezarías a comértelo?

—Por las ruedas —contesta enseguida su amigo—. Así no escaparía.

———————— ☺ ————————

Un pasajero pregunta a un niño que se encuentra junto a él:

—Muchacho, ¿a qué hora sale el tren de Sevilla?

—No lo sé... se me ha parado el reloj.

Al salir de la estación, un joven de provincias pregunta a un guardia:

—¿Podría decirme dónde vive el señor Martínez?

—Aquí hay millares de Martínez. ¿Cómo quiere que les conozca a todos?

—¿Y quién le ha dicho a usted que tiene que conocerles a todos? —contesta molesto—. A mí sólo me interesa que conozca al que yo busco.

———————— ☺ ————————

Una familia americana que reside desde hace tiempo en Italia va a comprar.

—¿Qué desea la señora? —pregunta el dependiente.

—Querer un kilo de pasta.

—¿*Spaghetti*?

—No, todavía no tener platos tan largos.

———————— ☺ ————————

Un tosco muchacho de campo que se encuentra en la ciudad para visitar a unos parientes sube a un autobús. El vehículo va muy lleno y un pasajero le da un pisotón sin querer.

—Lo siento, perdóneme usted —exclama el pasajero.

—No hay de qué —le tranquiliza el joven—. Vivo en el campo y ya estoy acostumbrado a que las bestias me pisen.

———————— ☺ ————————

Un tren está detenido en la frontera. Un funcionario de aduanas entra en uno de los compartimentos y pregunta a sus ocupantes:

—¿Lleva alguien cigarrillos, alcohol, chocolate, mecheros...?

—Gracias, señor —contesta uno de los pasajeros con una sonrisa—, ya he procurado proveerme de todo.

———————— ☺ ————————

Un sujeto acaba de comprar un viejo automóvil con el que decide emprender un largo viaje. Al llegar a Madrid, pregunta a un peatón:

—Perdone, ¿podría decirme dónde está la casa natal de Quevedo?

El transeúnte le mira y contesta:

—¿Por qué? ¿Acaso quiere usted devolverle el coche?

———————— ☺ ————————

Un individuo comparece en un juicio. El juez toma la palabra:

—Se le acusa a usted de conducir a 180 kilómetros por hora. ¿Tiene usted algo que alegar?

—Sí, señor juez: lo había robado y me estaban persiguiendo.

—En este caso está justificado.

———————— ☺ ————————

Un revisor de autobús grita furioso al conductor, sorprendido mientras fuma:

—¿Cómo? ¿No sabe que está prohibido fumar? ¡Bonito ejemplo el suyo!

—Nunca como el suyo —contesta el conductor—. ¿No sabe que está prohibido hablar con el conductor?

Un revisor de tren pregunta a un niño bastante crecido que, en compañía de su madre, viaja sin billete:

—¿Es posible que sólo tengas cuatro años?

—Claro que tengo cuatro años.

—¿Estas seguro de que no te equivocas?

—Segurísimo. Hace tres años que digo lo mismo.

--------- ☺ ---------

Una mujer miope se dispone a coger el avión; se trata de su primer vuelo. Está sentada mirando por la ventanilla muy contenta y satisfecha. Admirada, se dirige a su vecino de asiento:

—Mire cuánta gente allí abajo. Parecen hormigas...

—Son hormigas —contesta este—. El avión todavía no ha despegado.

--------- ☺ ---------

Un periodista pregunta a un aviador que ha salvado milagrosamente su vida:

—¿En qué pensó usted cuando advirtió que el paracaídas no se abría?

—Pensé: esperemos que no se ponga a llover.

--------- ☺ ---------

En una estación de tren, un viajero se acerca a un mozo y le pregunta:

—¿De qué sirve el horario de trenes, si siempre llegan con retraso?

—¿Y de qué servirían las salas de espera, si los trenes no llegaran con retraso? —contesta el mozo.

Un galán pregunta a una señorita:

—¿Qué le parecería a usted una vueltecita en coche, preciosa dama?

—¿Va usted hacia el norte?

—Sí.

—Pues entonces, salude usted a los esquimales de mi parte.

———————— ☺ ————————

Dos amigos conversan.

—Este gobierno no hace nada para incrementar el turismo.

—¿Tú crees?

—Desde luego, no hay más que mirar el paisaje: es el mimo de siempre.

———————— ☺ ————————

Dos amigos viajan por una carretera comarcal. El copiloto se queja al conductor:

—¿Por qué no has cogido la curva más amplia?

—Porque tengo poca gasolina.

———————— ☺ ————————

En una parada de autobús, una rubia despampanante se dirige a un señor.

—Por favor, ¿podría decirme si el 29 pasa aún por aquí?

El caballero se saca del bolsillo una agenda.

—Lo lamento. El 29 tengo un compromiso, pero si le parece...

Dos naranjas atraviesan el desierto. Un enorme tanque aparece y aplasta una. La otra no deja de caminar, se vuelve y dice a su compañera:

—¡Muévete, zumo!

———————— ☺ ————————

Una pareja de recién casados alquila una habitación en un hotel que se encuentra muy próximo a la vía férrea.

A la mañana siguiente el marido sale a comprar el periódico, mientras la esposa se queda en la cama. En aquel momento llega el rápido de las 8.10 y las vibraciones son tales que la mujer se cae de la cama. Llama entonces al director del hotel y se queja airadamente, pero este no se cree lo sucedido.

—Si no me cree, métase en la cama y lo comprobará —responde ella indignada.

En aquel momento llega el marido quien, ante la imagen del director metido en su cama, empieza a gritar.

El director se incorpora y pregunta:

—¿Me creería si le digo que estoy esperando el rápido de las 8:25?

———————— ☺ ————————

Un niño admirado al ver pasar un avión dice a su papá:

—Papá, papá, un avión macho.

—No, hijo, no, que son las ruedas.

———————— ☺ ————————

Una visita inesperada llama a la puerta.

—¿Está el señor en casa?

—No, señor —responde la asistenta que ha abierto la puerta—, el señor está de viaje.

—¿Un viaje de placer?

—No, no. El señor ha ido con la señora.

———————— ☺ ————————

Un oficial del ejército sube a un autobús. Automáticamente se levanta un soldado.

—¡Gracias! Permanezca sentado —dice amablemente el oficial.

Al rato el soldado intenta levantarse de nuevo.

—Le he dicho que continúe sentado.

El soldado intenta levantarse por tercera vez.

—¿Por qué he de repetirle que se siente?

—¡Perdone, señor teniente! Pero ya tenía que haber bajado tres paradas antes.

———————— ☺ ————————

Un terrible accidente: una pobre viejecita es arrollada por un automóvil. Llega un guardia.

—¿No podía tocar el claxon? —pregunta al conductor.

—Sí, claro... ¡pero tuve miedo de asustarla!

———————— ☺ ————————

Un coche de policía recibe este mensaje:

«Llamada a coche 12..., llamada a coche 12... diríjase a la calle del Sol; una mujer desnuda se está paseando por la calle.»

Al poco tiempo: «sólo el 12, los demás vuelvan a sus puestos».

En un tren, una señora verdaderamente fea, que lleva cogido de la mano a un niño aún más feo que ella, se dirige al revisor:

—¡Cámbieme de departamento! ¡Haga el favor de buscarme otras dos plazas! Estos señores son unos mal educados. No dejan de mirarnos.

—Tiene usted razón, señora. Venga conmigo y le buscaré otras dos plazas —le contesta, ceremoniosamente el revisor—. Además, no me explico por qué, entre tantos viajeros, ninguno ha sido capaz de ofrecerle un plátano a su monito.

——————— ☺ ———————

Durante un viaje alrededor del mundo, una mujer se encuentra a su marido en el camarote con otro hombre.

—No te preocupes, cariño —le dice tranquilamente—, sólo es una aventura de viaje.

——————— ☺ ———————

Un catalán, un francés y un chino viajan en avión. Para el almuerzo los tres han pedido sopa, y por una extraña casualidad, a los tres les ha caído una mosca en ella. El francés la aparta suavemente y se dispone a comer la sopa; el chino se come la mosca; el catalán, que lo observa, se dirige al chino:

—Le vendo otra mosca.

—¿Cuánto vale? —pregunta el chino.

—Cien pesetas —dice el catalán.

—Hecho —y el chino compra la mosca.

Entonces el catalán se dirige al francés y le pregunta:

—¿Me deja coger su mosca?

—No faltaba más.

El catalán se dirige otra vez al chino:

—Le vendo otra mosca.

—¿Cuánto? —pregunta el chino.

—Doscientas pesetas.

—¿Por qué tan cara?

—Es que esta es de importación.

———————— ☺ ————————

Un marido regresa inesperadamente de un viaje. Pulsa largo rato el timbre. Después recuerda que no funciona. Abre con las llaves y encuentra a su mujer en brazos de su mejor amigo.

—Pero, ¿es posible una cosa semejante? —dice desesperado el pobre hombre.

—¡Y tan posible! —responde la mujer—. Y pasará hasta que no te decidas a arreglar el timbre.

———————— ☺ ————————

Un matrimonio que viaja en un autobús queda separado entre el caos de viajeros.

El marido está cerquísima de una rubia espectacular. La mujer, que lo ha observado, intenta aproximarse todo lo posible a su esposo. Pero llega el final del trayecto.

Bajan todos los pasajeros y cuando le llega el turno a la rubia, esta, sumamente indignada, se da la vuelta y da un solemne bofetón al hombre, diciendo:

—¡No estoy acostumbrada a que me pellizquen! ¡Imbécil!

Este encaja el bofetón. Después se dirige a su mujer diciéndole:

—Te juro, amor mío, que esta mujer está loca. Ni siquiera la he rozado. Tal vez la haya empujado con tantos apretujones... pero ¡fíjate!, aún llevo las manos en los bolsillos.

—Ya lo sé, cariño, ya lo sé. Sé perfectamente que no la has pellizcado... ¡He sido yo!

☺

En Los Ángeles, un policía observa estupefacto un automóvil que a una velocidad estrepitosa adelanta por la derecha, por la izquierda, pasa de uno a otro carril sin respetar para nada las flechas indicadoras. El policía logra alcanzarlo.

—Pero, ¿qué está usted haciendo? ¿Se ha vuelto loco? ¿No ha visto las flechas?

—¡No! No he visto las flechas, ni los indios, ni las tribus, no he visto absolutamente nada.

☺

Una señora discute en el tren con el revisor:

—¡Perfectamente! Pagaré el billete de mi perro, pero le advierto que ocupará el asiento a mi lado, como cualquier otro viajero.

—Muy bien, señora. Pero con la condición de que se abstenga de poner los pies en el asiento, como hacen todos los viajeros.

☺

Un cosmonauta ruso regresa a la Tierra después de haber recorrido las galaxias.

El presidente de Rusia le recibe personalmente:

—Dime, camarada, pero dime la verdad, ¿has encontrado a Dios en tus vueltas por el infinito?

—Camarada, me has pedido la verdad y yo he de contestarte: ¡Sí!

—Ya lo pensaba. Es terrible. Júrame por la revolución que jamás revelarás a nadie este secreto.

—Te lo juro, camarada —responde el astronauta.

Pasados unos meses, después de haber sido recibido solemnemente por todos los jefes de Estado de diferentes países, el astronauta es recibido en audiencia privada por el Papa en el Vaticano, que pregunta al astronauta:

—Querido hijo, tengo que hacerte una pregunta: en tus viajes por el infinito, ¿has encontrado a Dios?

El cosmonauta recuerda la promesa hecha a su presidente y responde:

—No. Desgraciadamente, no, Santidad.

Y el Papa contesta con gran tristeza:

—Ya lo suponía. Es terrible. Oye, hijo. Júrame que nunca se lo dirás a nadie...

———————— ☺ ————————

El dramaturgo norteamericano Eugenio O'Neil durante un crucero sube al puente de mando para disfrutar del panorama. Un oficial le advierte:

—Está prohibido a los pasajeros ocupar el lugar del capitán. Haga el favor de bajar inmediatamente.

—¡Le valdrá más cambiar el tono, amigo! —protesta O'Neil—. Usted no sabe que está hablando con el mejor de los dramaturgos de la actualidad.

—¡Lo siento mucho! Pero tiene usted que bajar igualmente, señor Bernard Shaw —contesta el oficial.

Un pasajero penetra de improviso en la cabina de mandos de un avión en pleno vuelo y, apuntando con un revólver al piloto, le intimida con voz autoritaria:

—¡Siga la ruta a Nueva York!

—¡Pero si estamos yendo a Nueva York! —contesta el piloto.

—¡No me venga con cuentos! Ya me han desviado cuatro veces vía Cuba y esta vez quiero estar bien seguro de que vamos a Nueva York.

———————— ☺ ————————

Un aduanero interroga en el tren a un individuo que sujeta una maleta.

—¿Qué lleva en la maleta?

—Agua bendita; vengo de Lourdes.

El aduanero no está muy convencido.

—Disculpe, ¿podría abrir su maleta para que pueda comprobarlo?

El pasajero obedece.

—Agua bendita, ¿eh? Esto es whisky...

—¡Milagro, milagro! —grita el peregrino—. ¡Lourdes es verdaderamente la ciudad de los milagros!

———————— ☺ ————————

Un irlandés está visitando un cementerio en Escocia. De vez en cuando se detiene para leer los epitafios. Uno despierta enormemente su atención:

«Aquí yace Robert MacMillan, un padre maravilloso y un piadoso ciudadano.»

—Estos escoceses —murmura entre dientes el irlandés—, ¡tres hombres en una sola tumba!

Un individuo ve en la carretera un terrible accidente: dos automóviles han chocado de frente; varios heridos gimen sobre el asfalto. El hombre se acerca a uno de ellos:

—¿No ha venido aún nadie?

—¡No! —contesta el herido.

—¿Ni siquiera el hombre del seguro?

—¡No! —responde débilmente el herido.

—En ese caso... ¿le molesta que me eche a su lado?

———————— ☺ ————————

Dos enamorados huyen de sus casas y toman un taxi para dirigirse a la estación de tren. A su llegada, cuando el joven se dispone a pagar, el taxista le dice:

—No se moleste. El importe ya ha sido pagado por el padre de la señorita.

———————— ☺ ————————

Los taxistas franceses tienen fama de terroríficos, sobre todo los de las grandes ciudades. Eso lo comprueba enseguida cualquier turista que llegue a París y se le ocurra hacer un recorrido en taxi para tener una impresión global de la ciudad. Los taxistas no dan tiempo de disfrutar de las perspectivas urbanas. En cuanto recogen a un pasajero salen disparados y no es raro que tomen las curvas con dos ruedas, rocen con el coche algún muro o farola y se lleven por delante algún peatón.

—¡Por Dios...! —grita asustado un hombre de provincias que acaba de tomar un taxi en la capital francesa—. ¡No corra tanto que es la primera vez que voy en coche!

—Si sólo es por eso no se preocupe. También es la primera vez que yo conduzco.

Un buque llega a puerto y toda la tripulación libre de servicio se precipita a la escalerilla. Sólo un marinero de los que no están de guardia sigue a bordo echando de vez en cuando una mirada inquisitiva a través de un ojo de buey.

—¡Eh, tú!, ¿no saltas a tierra? —le pregunta un oficial—. ¿Es que a ti no te espera una mujer?

—Al contrario, señor. ¡El problema es que me espera más de una!

☺

A un turista francés que está de paso por una pequeña ciudad escocesa se le extravía su perro de caza. Desesperado ante la lamentable pérdida, decide insertar un anuncio en el diario local ofreciendo doscientas libras a quien dé noticias de su can o se lo devuelva. El francés espera todo el día en el hotel y a última hora de la tarde se presenta en las oficinas del periódico para saber el resultado del anuncio.

—Pero... ¿es que no hay nadie en el periódico? —pregunta al conserje al ver todas las ventanillas cerradas.

—No, *monsieur*. Todos han salido en busca de su perro.

☺

Un matrimonio viaja en un seiscientos por una carretera comarcal. De pronto, la esposa comenta:

—Es emocionante tomar cualquier carretera y no saber a dónde se va, ¿verdad, cariño? Ahora, en el cruce, gira a la derecha y a unos seis kilómetros encontraremos la carretera general, sigue entonces en dirección a Ávila y, pasado el puente del ferrocarril, encontraremos un parador en el que preparan unas perdices que harán que nos chupemos los dedos.

Un carterista es embestido por un coche. El conductor del vehículo se da a la fuga. El accidentado es recogido por un grupo de transeúntes y es llevado a una farmacia próxima, donde al poco rato entra un señor.

—He intentado tomar el número de la matrícula... pero se escapó a tal velocidad que no fue posible verlo en su totalidad —se excusa el recién llegado.

El carterista, con voz débil y aún no repuesto del susto, contesta:

—No se preocupe, señor. En el bolsillo exterior de mi chaqueta encontrará usted su cartera.

——————— ☺ ———————

Con una caña al hombro y silbando una airosa marcha, un hombre de ciudad que está disfrutando de sus vacaciones en el campo se dirige hacia el río. Por el camino encuentra a un campesino.

—¿Se puede pescar en el río? —le pregunta.

—¡Claro que se puede! —contesta el lugareño.

—¿Y no será delito si pesco algo?

—¡Qué va! Será un milagro.

——————— ☺ ———————

¿Cuáles son las advertencias que se pueden leer en los letreros de los transportes públicos de diferentes países?

En España: Prohibido hablar con el conductor.

En Estados Unidos: Prohibido disparar al conductor.

En Francia: Se prohíbe contestar al conductor.

En Inglaterra: No es conveniente hablar con el conductor.

En Escocia: ¿Qué ganas por hablar con el conductor?

Un explorador blanco que se encuentra en el Amazonas es hecho prisionero por una tribu caníbal y encerrado en una cabaña. Un miembro de la tribu se presenta ante el prisionero y le pregunta cortésmente:

—¿Quiere decirme su apellido, señor?

—González, ¿por qué?

—Simple formalidad. Es para escribirlo en la carta.

———————— ☺ ————————

En la taberna de un pueblo de un país sudamericano, un turista yanqui comenta lo barato de sus precios y la escasa variedad de sus comidas, afirmando, además, que su pobreza es debida a la indolencia que produce su precaria alimentación. Y para reforzar sus argumentos, se dirige a un lugareño que se encuentra allí y le pregunta:

—Usted, por ejemplo, ¿qué ha comido hoy?

—Seis caracoles y unas hojas de verdura.

—¿Lo ve? ¿Cómo puede trabajar con esta comida?

—Bueno... La verdad es que los caracoles eran ocho, pero dos estaban vacíos.

———————— ☺ ————————

Un individuo va empujando un coche por la carretera, cuando se encuentra con un agente de tráfico.

—Buenos días, señor. ¿Ha sufrido alguna avería? ¿Se ha quedado tal vez sin gasolina? —pregunta amablemente el motorista de tráfico.

—Nada de eso, gracias. Lo que sucede es que hace unos momentos que me he dado cuenta de que no llevo el permiso de conducir.

Un fabuloso día de agosto en la Costa del Sol un periodista pregunta a una extranjera:

—Y usted, ¿qué piensa de los hombres españoles?

—Me pone en un aprieto, joven. Comprenda que estoy aquí con mi marido.

———————— ☺ ————————

Entre todos los candidatos, un capitán de la marina mercante escoge para segundo de a bordo a un oficial que le parece que reúne todas las cualidades exigidas. Emprenden un viaje y, al acercarse al primer puerto en el que han hacer escala, el capitán lo llama.

—¿Conoce usted bien la entrada del puerto en el que vamos a atracar?

—Pero, ¿puede pensar que no conozco yo la entrada de este puerto?

—¿Conoce también los bancos de arena que hay en sus cercanías?

—¿Cómo no voy a conocerlos?

—Bien, entonces hágase cargo del buque.

El capitán abandona el puesto de mando. Al poco rato, un ruido infernal sacude todo el buque y este queda ligeramente escorado. El oficial saca la cabeza por la escotilla y dirigiéndose a su superior exclama:

—¡Capitán!, ¿no es eso, por ejemplo, lo que llaman un banco de arena?

———————— ☺ ————————

Amanece en Buenos Aires. Un borracho va dando tumbos por una avenida, al parecer, extraviado. Por suerte, encuentra a un madrugador.

—Perdón, señor, ¿querría decirme dónde estoy? —pregunta.

—En la avenida de Mayo, a la altura de la calle...

—No, no, por favor. Dígame sólo en qué ciudad.

———————————— ☺ ————————————

Un viejo jeque árabe es invitado a las bodas de plata de una personalidad inglesa, y un funcionario de la *Colonial Office*, agregado a su séquito, le explica lo que en Europa significa la celebración de unas bodas de plata.

—Por ejemplo, alteza, sir y lady Allenway han vivido uno al lado del otro, sin separarse nunca, durante veinticinco años.

—¿De veras? —pregunta el jeque sorprendido—. Mucho, muchísimo deben quererse cuando finalmente han decidido desposarse.

———————————— ☺ ————————————

Un hostelero detiene a un huésped que está en la puerta con la maleta en la mano.

—De modo que pensaba marcharse sin pagar la cuenta, ¿eh? Haga el favor de pagarme inmediatamente o llamo a la policía enseguida.

—¿Y de verdad usted cree que la policía va a pagar mi estancia?

———————————— ☺ ————————————

En un balneario, un anciano que pasa allí sus vacaciones sale de sus casillas al ver entre los huéspedes a una joven ataviada con pantalones.

—Pero, ¿dónde iremos a parar? Hasta aquí ya se atreven a venir las muchachas vestidas de hombre... Además, con lo gruesa que está esta, le caen fatal. Sus padres deben de estar locos.

—¡Cuidado con lo que está diciendo, señor, que esa es mi hija! —oye el anciano de repente desde muy cerca de donde está situado.

—¡Perdone, perdone usted! —se excusa—. No sabía que usted fuese su padre.

—No soy su padre. ¡Soy su madre!

——————— ☺ ———————

Un grupo de amigos toma unas copas en un bar mientras uno de ellos cuenta su desventura:

—¡Qué viaje, lo recordaré toda mi vida! Se desató el temporal y el buque empezó a dar bandazos; de pronto, como un trueno, el barco se partió en dos y me encontré entre las embravecidas olas. Mi mujer y mi suegra se perdieron en aquel mar enloquecido... y mi baúl —añade lanzando un suspiro—, un magnífico baúl de piel recién estrenado.

——————— ☺ ———————

Un joven piloto invita a un matrimonio de ancianos a efectuar su primer vuelo.

—Sólo le pido que no abran la boca pase lo que pase, porque no nos está permitido llevar pasajeros.

Muy ilusionados, los dos ancianos prometen no decir nada y emprenden el vuelo. Para dar emoción a la cosa, el piloto inicia una serie de acrobacias, sin que en ningún momento ninguno de los viejecitos digan nada.

Cuando ya han aterrizado, el piloto comenta:

—Han sido muy valientes. Ni una palabra, ¡como habían prometido!

—Sí, pero en cierto momento he tenido que hacer un enorme esfuerzo para no gritar —admite el anciano—, cuando mi mujer se ha salido del avión.

———— ☺ ————

Una esposa vive unos momentos de euforia porque ha logrado que el marido accediera a que aprendiese a conducir.

—Estoy haciendo grandes progresos, querido —le dice todos los días.

Una tarde, el marido se acerca al lugar en el que se efectúan las prácticas y observa las idas y venidas de su mujer en el coche. Cuando la feliz esposa abandona el vehículo, el marido le pregunta:

—¿Tú crees que con este instructor vas a aprender algo? Pero si es un anciano. ¿No ves que tiene todo el pelo blanco?

Y el instructor, que ha oído al marido, exclama:

—¡Señor, sepa usted que cuando empecé a dar lecciones a su esposa mi cabello era tan negro como el suyo!

———— ☺ ————

Un campesino atareado en sus quehaceres oye de pronto un gran estruendo y, al levantar la cabeza hacia la carretera, ve un automóvil empotrado en un árbol. Mientras se acerca tranquilamente al lugar del accidente, ve cómo una joven baja del vehículo con mucha dificultad.

—Perdone, señorita, pero... ¿cómo se las arregla para detener el coche en los lugares donde no hay árboles?

Un maestro rural tiene la costumbre de llamar cabezotas a los alumnos que no saben responder correctamente a sus preguntas.

Un día pregunta a uno que precisamente no destaca por sus luces:

—Si en un viaje que hicieras a la capital, el tren entrara en un túnel ¿cuál sería tu primera precaución?

—No sacaría la cabeza por la ventanilla.

—¿Por qué? —inquiere el profesor.

—Para no causar desperfectos en la pared del túnel con mi cabeza.

———————— ☺ ————————

El gobierno suizo publicó hace unos años los testimonios de la neutralidad mantenida por este país durante la última guerra. Entre ellos figura el caso de un avión que voló sobre Berna y al que desde una batería antiaérea comunicaron que estaba sobre territorio neutral.

—Lo sabemos —respondieron desde el avión.

—Les rogamos, pues, que se retiren de nuestro espacio aéreo.

Los del avión no contestaron nada y prosiguieron tranquilamente su ruta.

—Si no cambian de rumbo, abriremos fuego —les anunciaron desde la batería.

Al no obtener respuesta, los antiaéreos empezaron a disparar.

—Vuestros proyectiles no nos alcanzarán. Son demasiado cortos.

Y los suizos respondieron:

—Ya lo sabemos.

Un catalán, un andaluz y un gallego comentan el matrimonio de un amigo común.

—Yo no he podido asistir a su boda —dice el catalán—, pero le he mandado como regalo de bodas un servicio de café para doce personas.

—Tampoco estuve yo —comenta el andaluz—; eso sí, le he mandado un servicio de té para veinte personas...

Yo me enteré a la vuelta del viaje de novios —afirma el gallego—. No obstante, enseguida le compré unas pinzas para el azucarero que sirven para doscientas personas.

———————— ☺ ————————

Iba un conductor novato por una autovía nueva en contra dirección. Lo para un policía y le dice:

—¿Sabe usted adónde va?

—No, pero ha de estar mal la cosa, todos vienen huyendo.

———————— ☺ ————————

Un *cowboy* llega a un pueblo montado en su caballo a galope, lo detiene ante el salón, desmonta, entra en el establecimiento, bebe su whisky y sale del local. Al poco rato, entra de nuevo.

—¿Quién ha embadurnado mi caballo con pintura encarnada? —pregunta en tono desafiante.

Nadie contesta. El vaquero, con un gesto rápido, saca su pistola y de un disparo descuelga el reloj de encima del mostrador.

—¿Me habéis oído? ¿Quién ha sido el matón que ha ensuciado mi caballo de pintura?

Del fondo del salón se levanta un vaquero con unas espaldas como un armario ropero y una estatura de casi dos metros y, plantándose ante el que pregunta, ruge:

—Yo, ¿por qué?

—¡Oh, nada! Era para saber cuándo le dará una segunda capa...

———————— ☺ ————————

En el expreso de Calais, y para amenizar el viaje, un francés y un inglés deciden contar varios chistes y acuerdan que el que contara el más gracioso recibiría como premio una botella de ginebra que pagaría el otro. Comienza el francés.

—Cuando Francia ganó la Segunda Guerra Mundial...

—¡Basta! —interrumpe el inglés—. Me toca a mí pagar la ginebra.

———————— ☺ ————————

Pocos momentos después de la llegada de un *jet* estadounidense a una ciudad europea, en el mismo aeropuerto tiene lugar un caluroso recibimiento, acompañado de los consabidos saludos.

—Encantada. ¿Usted es la señora Connally, verdad?

—No, señor. Eso era dos maridos antes.

———————— ☺ ————————

En una carretera forestal canadiense, un camión que transportaba troncos, al tomar una curva, pierde uno; este va a caer sobre el capó del turismo que circulaba inmediatamente detrás del camión. Del coche desciende una dama que, al comprobar la abolladura, exclama:

—Lo malo no es el daño causado, que pagará el seguro, sino que nunca conseguiré convencer a mi marido de que esta vez ha sido el árbol el que ha tropezado conmigo y no yo con el árbol.

——————— ☺ ———————

El equipo español de judo viaja a Japón para disputar una competición internacional. Llegado el día, en medio de la lucha, el español grita ansioso:
—¡Pronto... llama al intérprete! Quiero decir ¡ay! en japonés para que me entienda esta bestia.

——————— ☺ ———————

Un amigo pregunta a una pareja recién llegada al hogar después de su luna de miel.
—¿Qué, cómo os ha ido vuestro viaje de bodas?
—¡Oh, maravilloso! —suspira la joven esposa—. Hemos pasado dos deliciosas semanas en un chalé de montaña, en plena naturaleza. Incluso nos hemos dedicado al arte. Paco pintaba cuadros y yo cocinaba. Luego, nos divertíamos intentando adivinar qué es lo que habíamos pretendido hacer cada uno.

——————— ☺ ———————

En la barra del bar de un aeropuerto, dos pilotos están tomando tranquilamente unas copas antes de partir. Mientras, hablan de sus viajes.
—Mi última travesía ha sido horrible —explica uno—. He sobrevolado el canal de la Mancha con una niebla tan espesa, tan espesa, que ni siquiera veía el morro del aparato.

—Peor me ocurrió a mí la semana pasada —exclama su colega—. Tropecé con una niebla tan espesa que...

—¿Pero dónde volabas?

—A eso iba... Tan espesísima que todavía no he conseguido saber dónde estaba.

———————— ☺ ————————

Una señorita sube a un autobús, se sienta y despliega un gran mapa de Argentina. El pasajero que está a su lado la observa y, asaltado por una súbita sospecha, le dice gentilmente:

—Perdone, señorita... ¿no se habrá usted equivocado de autobús?

———————— ☺ ————————

Un joven va a pasar sus vacaciones en un pueblo de Castilla. Todos los días charla con un anciano del lugar con el que hace buenas migas. Un día, al llegar a la cita, aún tiene tiempo de verlo despedirse de una hermosa muchacha.

—¡Hermosa chica, abuelo! —le dice el muchacho—. ¿Quién es?

—Mi nieta María Esperanza.

—¡Uf, qué nombre más largo!

Y el anciano replica complacido:

—Señor, en el campo disponemos de mucho tiempo.

———————— ☺ ————————

Un periodista ruso que viaja por Austria discute con un grupo de gente las cosas que dicen sobres sus compatriotas. Escucha muchas opiniones y ninguna es buena. Molesto, el hombre protesta:

—¿Se puede saber por qué sólo habláis mal de los rusos? ¿Habéis estado alguna vez en Rusia?

—Nosotros no —le responde uno—, pero vosotros en Austria sí, ¡y mucho tiempo!

———— ☺ ————

Tras muchos años de vagar por el mundo, un individuo regresa a su patria. Durante el viaje de regreso no deja de pensar en la sorpresa y la acogida de sus paisanos, a quienes no ha visto en muchos años.

Cuando llega a la estación de su pueblo, que está tal como la recordaba, descubre en el andén a un amigo de la infancia. El recién llegado se le aproxima y le da unas palmadas en la espalda, seguro de la sorpresa que va a darle.

El lugareño se vuelve, lo mira de pies a cabeza... lo reconoce y, perplejo, le pregunta:

—Pero ¿eres tú, Eulogio? ¿Te vas de viaje...?

———— ☺ ————

En el paseo de los Ingleses de Cannes:

—¿Le gusta a usted la primavera? —pregunta un solterón a una actriz.

—¡Oh, me encanta!

—¡Pues pongo a su disposición mis cuarenta y dos!

———— ☺ ————

En una oficina de telégrafos, un señor rellena el impreso y lo entrega al empleado.

—Ha escrito usted nueve palabras. Por el mismo precio puede escribir otra más.

El señor y el empleado releen el impreso, concebido en estos términos: «La, la, la , la, la, la, la, la, la.»

—No se me ocurre qué más puedo añadir —dice el señor.

—¿Y por qué no añade otro *la*? —pregunta irónico el empleado.

—¿Otro *la*? —exclama el señor ofendido—. Pero, ¿dónde tiene usted el sentido del ritmo?

---------------- ☺ ----------------

En la India, la religiosidad está muy arraigada. Cuando se pide a los fieles que lleven la estatua de Brahma en procesión por las calles de la ciudad, aceptan la pesada carga como un honor. En una de esas procesiones, algunas monedas arrojadas por los fieles que la presencian ruedan hasta los pies de los portadores del dios. Uno de estos, viendo una moneda al alcance de la mano, no lo piensa dos veces y se inclina para recogerla; lógicamente, la estatua vuelca y va a caer precisamente sobre la moneda.

—¡Brahma, esto no es correcto! —le reprocha indignado—. Yo la he visto antes.

---------------- ☺ ----------------

Dos británicos chocan en la calle a causa de una espesa niebla.

—Perdón, señor. Y a propósito, ¿sabría usted decirme si estoy a mucha distancia de mi casa? —pregunta uno.

—¡Yo qué sé! —contesta malhumorado el otro.

—Entiendo. Va usted un poco bebido.

En el pasillo de un hotel, un hombre llama insistentemente con los nudillos en la puerta de una habitación. Es un acreedor.

—¡Haga el favor de abrir! No se haga el sordo, porque sé que está dentro. Y por si fuera poco, tiene sus zapatos aquí fuera.

Una voz responde:

—He salido a pasear en zapatillas.

———————— ☺ ————————

Un alpinista que pretende escalar un difícil pico se informa en el lugar de las dificultades que puede encontrar. Entre otras personas solicita la opinión al más viejo montañero de la región.

—Y una última pregunta: ¿se caen a menudo los que intentan la escalada?

—¡Oh, no! —responde el anciano, aspirando su pipa—. Con una vez tienen bastante.

———————— ☺ ————————

Un individuo desciende la rampa de un garaje con los brazos extendidos, como si llevara un volante en las manos, simulando con voz gutural el ruido de un motor de automóvil. Otro cliente del mismo garaje que lo observa con perplejidad pregunta al dueño:

—¿Quién es ese tipo?

—Un maniaco que hace tres meses le retiraron el carné de conducir, pero sigue creyendo que lleva coche y todos los días viene a guardarlo.

—¿Y usted no ha intentado persuadirle de que ya no tiene coche para quitarle esa manía?

—¿Para qué, si sigue abonándome las veinte mil pesetas mensuales del alquiler?

———————— ☺ ————————

En pleno vuelo, el oficial da las últimas instrucciones a una sección de paracaidistas:

—Volamos a cuatro mil metros y faltan tres minutos para iniciar la operación de lanzamiento. Fijaos bien: al llegar a los tres mil metros, tirad de la primera anilla y se os abrirá el paracaídas. Al llegar a los dos mil tirad de la segunda anilla y se extenderá del todo. Cuando lleguéis a tierra, dirigios hacia el este y seguid avanzando en línea recta por la carretera secundaria y a unos tres kilómetros encontraréis los camiones que os llevarán al lugar convenido.

Se abre la portezuela y empieza el descenso de la sección. Uno de los soldados, cuando llega al punto indicado, tira de la primera anilla, pero el paracaídas no se le abre; cuando llega a los dos mil metros tira de la segunda y tampoco. Su descenso cada vez es más vertiginoso.

—¡Vaya organización! Apostaría cualquier cosa que al llegar abajo tampoco encontramos los camiones.

———————— ☺ ————————

Un inglés que está de vacaciones en una antigua colonia británica pide a un indígena que está a su servicio que le indique un lugar para bañarse donde no haya cocodrilos.

Ya de regreso del baño, pregunta por curiosidad al indígena:

—¿Y a qué es debido que no acudan los cocodrilos a ese lugar?

—Es que tienen un miedo terrible a los cazadores blancos.

---- ☺ ----

Un viajero aterido de frío se queja al revisor:

—En todo el tren funciona la calefacción menos en este compartimiento. ¿No hay manera de solucionarlo?

—Veré lo que puedo hacer, señor —responde solícito el empleado—. Entretanto, acomódese como pueda y tenga paciencia.

Poco después llega un mozo de tren con una caja, la abre, saca un letrero y lo cuelga en la puerta del compartimiento. El viajero se acerca a este y lee: «Calefacción averiada.»

---- ☺ ----

Todo el mundo sabe que los italianos, en particular los napolitanos, son muy vehementes al hablar y gesticulan con viveza.

En cierta ocasión, durante un paseo por mar, se desató un temporal y dos napolitanos fueron arrastrados por una ola. Sin embargo, a las pocas horas llegaban a una playa sanos y salvos a pesar de que el temporal no había amainado un ápice. Ya en tierra, un pescador les pregunta:

—¿Cómo habéis podido nadar y llegar hasta aquí con este temporal?

—¡Oh, si no sabemos nadar! Hemos venido charlando y a ratos incluso discutiendo.

En un restaurante, un hombre se vanagloria ante sus amigos de que es capaz de hacer cualquier cosa, e incluso varias, al mismo tiempo. Uno de ellos replica:

—Algo habrá que no seas capaz de hacer; una cosa al menos. Y te demostraré que soy capaz de hacerla yo sin presumir tanto.

—¡Gracias, amigo! No me siento capaz de pagar esta comida.

———————— ☺ ————————

En la cama de un hospital suizo yace un esquiador más vendado que una momia, pero amorosamente asistido por un enjambre de bellas enfermeras. Su compañero de habitación, admirado, no deja de comentar el caso.

—No me explico el éxito de ese muchacho. Tal vez será muy apuesto, pero con este vendaje es imposible saberlo. No se le ve un centímetro de cuerpo.

A lo que, suspirando, responde una madura enfermera:

—¡Oh, el amor! Es verdad que no pueden saber cómo es, pero han visto su automóvil en el aparcamiento.

———————— ☺ ————————

Un americano pregunta a un holandés:

—¿Cómo es vuestra bandera?

—Roja, blanca y azul, formando tres bandas. En nuestro país decimos que nos recuerda al fisco: enrojecemos de ira cuando hablamos de impuestos; palidecemos hasta quedar blancos cuando nos mandan el aviso con el importe a pagar; y cuando después de pagar nos dan el recibo azul... Bueno para qué contar.

—Exactamente igual que nosotros —exclama el americano—, con la diferencia de que vosotros no veis las estrellas.

———————— ☺ ————————

Los motores de un avión de pasajeros parece que funcionan con dificultad. A los pocos minutos, por el altavoz suenan las palabras del comandante:

—¿Alguno de los pasajeros sabe rezar?

—¡Yo! —responde uno muy asustado.

—Pues empiece— responde el piloto—. La azafata va a distribuir los paracaídas y nos falta uno.

———————— ☺ ————————

Un buen día a un individuo que todos los días toma el tren para acudir al trabajo se le pegan las sábanas. Para llegar cuanto antes a la estación de tren toma un atajo que pasa por el campo de un vecino. Al tiempo que corre jadeante para no perder su tren grita al dueño:

—Me he permitido atravesar su finca porque voy con retraso y temo perder el tren de las ocho.

—Bien, bien —contesta el campesino—. Por suerte todavía no he sacado el toro a pacer, porque, de ser así, es probable que hubiera llegado a la estación con tiempo suficiente para tomar el de las siete y media.

———————— ☺ ————————

En el último Salón del Automóvil celebrado en Barcelona, una señora ya mayor va a un *stand* en el que se exhiben, un tanto apretados, varios modelos de deportivos.

—Buenos días, señora. ¿Se interesa por algún modelo en especial?

—No, por ninguno. Es que lo estoy pasando en grande entre tantos coches sin experimentar sobresalto alguno ni tener que correr para esquivarlos.

———————— ☺ ————————

Un joven felicita a un amigo.

—¡Enhorabuena! Ya sé que te has comprado un coche.

—¿Comprado? Lo saqué en una tómbola.

—Mejor todavía. ¿Era el primer premio?

—El primero y único. La tómbola la organicé yo.

———————— ☺ ————————

Un *jet* de una compañía europea acaba de tomar tierra en el aeropuerto de Tel-Aviv. En las oficinas aduaneras, uno de los recién llegados es sometido a interrogatorio.

—¿Lleva usted dólares?

—No.

—¿Libras inglesas?

—¡No!

—¿Perfumes franceses?

—¡Tampoco!

—¿Lleva usted coñac español?

—¡¡No!!

—¿Le interesa adquirir alguna botella?

———————— ☺ ————————

En un autobús lleno de gente, un marinero lleva sentado en sus rodillas a un compañero. En una parada sube una joven muy atractiva, de las que arrancan silbidos a su paso. Después de sacar su billete echa un vistazo en busca de un asiento vacío. Al observar el gesto, el marinero que lleva su compañero sentado encima, le da un golpe en la espalda y le dice:

—¡Sé educado, muchacho! Levántate y cede tu asiento a la señorita.

———————— ☺ ————————

En una agencia de viajes, el empleado está informando a una dama sesentona y ya entrada en carnes del programa de cruceros por el Mediterráneo previsto para el próximo verano. De pronto, la señora exclama:

—¡No, por Dios! Otra vez con el *King Richard* ni hablar. El buque es una preciosidad, pero no hay ningún oficial que sepa bailar el rock.

———————— ☺ ————————

Un joven va a visitar a un amigo que ha sufrido un accidente de automóvil.

—¿Cómo te encuentras? Tienes buen semblante... ¿Puedes ya levantarte?

—¡Qué sé yo! El médico me dice que sí; el abogado me dice que no...

———————— ☺ ————————

Después de un viaje a Estados Unidos para asistir como oyente a un debate de las Naciones Unidas, un chino regresa a su país. Todos sus amigos quieren saber cómo es aquella gran potencia.

—Un país muy raro, y los norteamericanos divertidísimos. Y si no, prestad atención: toman un vaso con cualquier clase de bebida y echan en él azúcar para que esté dulce, y limón para que esté ácido; luego añaden ginebra para que se caliente y hielo para que esté frío; finalmente, dicen «¡A la salud de usted!», y se lo beben ellos.

☺

Un famoso actor cómico llega a una país de Latinoamérica en viaje turístico. Al visitar la capital es recibido por el presidente del gobierno del país, gran admirador de su arte. Al terminar la audiencia, el presidente le dice:

—Antes de que abandone nuestro país, ¿por qué no nos vemos otra vez? ¿Qué le parece el próximo sábado?

—Me parece bien, pero... ¿será usted presidente el sábado?

☺

Un hombre de mundo, haciendo alarde de su conocimiento de las mujeres, explica a un amigo cómo reaccionan ellas en los diferentes países cuando se sienten engañadas:

—La francesa asesina a su rival; la italiana mata a su infiel marido; la española apuñala a ambos; la alemana se suicida y la americana calcula cuánto podrá sacar si se divorcia.

☺

Tras algunos años de separación, dos amigas se encuentran casualmente en un autocar, cuando se disponen a realizar una excursión. Tras la sorpresa inicial, y después comentar de todo un poco, una de ellas pregunta:

—¿Y tus hermanos?

—El mayor se ha casado; el otro, por fortuna, sigue bien.

———————— ☺ ————————

Un cartero llama a la puerta.

—¿Usted es el señor Pérez? Hay una carta urgente para usted, ha llegado por avión.

—¡No me cuente historias! He visto perfectamente cómo acaba de llegar en moto.

———————— ☺ ————————

Un individuo muy esnob se va de viaje a Texas y todo lo que visita le parece desolador: el clima severo, la comida incomestible y la gente maleducada.

En una ocasión, en una fiesta que dan en su honor algunos ricos tejanos, exclama en voz alta:

—Yo, si fuera el dueño de Texas y del infierno, alquilaría Texas y me trasladaría a vivir al infierno.

Un viejecito, después de este comentario, responde:

—Me parece razonable, ¡a cada uno le corresponde su lugar!

———————— ☺ ————————

En un compartimiento de ferrocarril, un amable señor pregunta a un niño de corta edad que viaja con su mamá:

—¿Cómo te llamas, guapito?

—Juanito.

—¿Cuántos años tienes, rico?

El nene mira entonces a su mamá y pregunta:

—Mamá, ¿es el revisor?

---------- ☺ ----------

Para un tren en una estación. Un viajero, desde la ventanilla le da un billete de mil pesetas a un mozo y le dice:

—Por favor, mozo, tráeme un bocadillo de la cantina y cómprate otro para ti. Te doy quinientas pesetas para cada uno.

El mozo regresa al cabo de un instante. Viene comiéndose un bocadillo y devuelve al viajero una moneda de quinientas pesetas.

—¿Qué es esto?

—La vuelta, señor. No había más que un bocadillo.

---------- ☺ ----------

Una caravana compuesta por veinte tuaregs y cuatro europeos atraviesa el Sahara. De repente, uno de ellos vislumbra un hombre a lo lejos que va en traje de baño y con una toalla en la espalda.

—¿Se ha perdido? —le preguntan.

—¡Qué va! Voy a bañarme.

—¡Pero el mar se encuentra al menos a cien kilómetros de aquí!

—¿Ah, sí? Hermosa playa, pues, ¿no les parece?

---------- ☺ ----------

Durante un safari en África, un cazador baja del *jeep* y empieza a caminar por la selva con el fusil al hombro. De repente, un leopardo se le echa encima, iniciándose así una terrible lucha cuerpo a cuerpo. Despúes de algunos instantes, se oye una voz que procede del *jeep*:

—Querido, deja que se vaya, he cambiado de idea... Ya no quiero el abrigo de leopardo, me gustaría más uno de zorro.

————— ☺ —————

Jaimito baja deprisa del autobús, cuando de repente tropieza y cae. Una señora que lo ve se acerca con compasión y le dice:

—Pequeño, ¿te has hecho daño?

—No, señora, en absoluto, es mi forma habitual de bajar del autobús.

————— ☺ —————

Un director de hotel se dirige a un cliente que atraviesa la recepción en pijama.

—¿Pero usted en qué está pensando?

—¡Oh, perdóneme! Soy sonámbulo.

—¡Me da igual! ¡Sepa que aquí no está permitido pasearse en pijama, cualquiera que sea su religión!

————— ☺ —————

El capitán de un barco pregunta a un nuevo marinero para decidir si lo incluye en su tripulación:

—En caso de naufragio, ¿salvarías a los pasajeros o a mí?

A lo que el novato responde convencido:

—A mí.

Durante un largo viaje, un anciano se encuentra sentado junto a una jovencita. Cuando ya llevan un rato de camino, este, pensativo, comenta a su compañera:

—Las mujeres son una desilusión continua.

—Es verdad —responde la jovencita—, pero los hombres van a la caza continua de desilusiones.

———————— ☺ ————————

Un empleado bastante dormilón tiene la costumbre de llegar a la oficina siempre con media hora de retraso respecto a su horario. Sin embargo, una mañana, inexplicablemente llega sólo con un cuarto de hora de retraso respecto a los demás. El jefe de la oficina lo mira sorprendido y le dice:

—¡Felicidades! ¡Es la primera vez que usted llega con retraso tan pronto!

———————— ☺ ————————

Dos amigos se encuentran después de mucho tiempo.

—¿Qué tal estás?

—Bien, trabajo mucho y he podido comprarme un seiscientos. ¿Y tú?

—Yo bebo.

Se despiden y se vuelven a encontrar después de tres años.

—¿Cómo estás?

—Bien, me he comprado un coche fantástico, ¿y tú?

—Yo bebo.

Pasan otros tres años y vuelven a encontrarse de nuevo.

—¿Cómo estás?

—Muy bien. Ahora me he comprado un coche familiar. ¿Y tú?

—Yo me he comprado un Porsche.

—¿Un Porsche? ¿Y cómo lo has hecho?

—He vendido los envases vacíos.

☺

Dos amigos se encuentran por casualidad en un aeropuerto. Antes de despedirse, uno de ellos pregunta:

—¿Adónde vas?

—A Edimburgo, en viaje de bodas.

—Pero... ¿y tu mujer?

—Ella se queda porque en Edimburgo ya ha estado.

☺

Un millonario tejano que debe su fortuna al negocio del petróleo se está tomando sopa de pescado en un famoso restaurante de la Costa Azul, cuando una espina se le clava en la garganta. De repente su rostro se congestiona, su respiración se dificulta y empieza a sofocarse. Entonces susurrando le dice a su esposa que lo observa preocupada:

—Rápido... No te quedes ahí mirando como una tonta. ¡Corre a comprarme un hospital!

☺

Un mendigo le dice a un turista:

—¡Haga caridad, buen hombre!

—Ahora tengo prisa, ya te daré algo cuando vuelva a pasar por aquí.

—¡Sería mejor ahora, señor! Usted no puede tener idea de cuánto dinero he perdido concediendo créditos de esta manera.

Un espléndido paisaje a dos mil metros de altura. Allí se encuentra un volcán y muy cerca una montaña. El volcán pregunta a la montaña:

—Perdóneme, ¿le molesta el humo?

——————— ☺ ———————

Después de un naufragio, un funcionario realiza un interrogatorio a los supervivientes:

—¿Es usted el que nadando con gran valentía salvó a su esposa? —dice dirigiéndose a uno de ellos.

—Sí, soy yo. Por desgracia, estoy hecho así, ¡el peligro me hace perder completamente la cabeza!

——————— ☺ ———————

Un respetable marqués cita a su hijo en su despacho para darle un discurso:

—Mamá me ha dicho que tienes la idea de irte de casa. ¿Es esto verdad?

—Sí —admite el muchacho.

—Entonces —dice gravemente el padre—, cuando te decidas dímelo, pues me gustaría irme contigo.

——————— ☺ ———————

En una de las zapaterías más elegantes de Londres, en Oxford Street, llaman por teléfono:

—Aquí zapatería Manson —responde el dependiente.

—¡Perdón —se oye al otro lado de la línea—, me he equivocado de número!

—No se preocupe usted, señor, si pasa por la zapatería se lo cambiaremos.

En un pueblecito rural un médico pasea con un amigo que viene de la gran ciudad y ha ido a verle. De repente, pasa un perro que saluda al doctor diciendo:

—¡Buenos días, doctor!

—¡Pero es sorprendente! —dice el amigo.

—Bueno, no es tan extraordinario —responde el médico—, en un pequeño pueblo como este se conoce todo el mundo.

———————— ☺ ————————

Un día el profesor de geografía le pregunta a Jaimito:

—¿Qué forma tiene Italia?

Jaimito reflexiona y luego responde triunfante:

—¡De una bota de goma!

—¿Y por qué de goma?

—¡Porque está siempre en el agua!

———————— ☺ ————————

Un industrial americano invita a un amigo suyo a dar una vuelta en su nuevo coche. Al cabo de un rato de paseo, el amigo pregunta sorprendido:

—¿Desde cuándo no usas las gafas, tú que eres miope?

—Ya no las necesito —responde el americano con aire autosuficiente—. Ahora utilizo el parabrisas que me ha hecho el oculista.

———————— ☺ ————————

Dos amigos hablan de las espléndidas vacaciones de verano:

— Luis, ¿has estado en aquel famoso hotel frente al mar?

—Sí, tres meses.

—¿Tanto tiempo? —pregunta el amigo sorprendido.

—Sí, quince días de vacaciones y después dos meses y medio para pagar las deudas.

———————— ☺ ————————

En una estación de ferrocarril, un marido va a recoger a su esposa que vuelve de un largo viaje.

—¡Bienvenida, querida!

—Juan, tu recibimiento es verdaderamente frío. ¡Mira qué distinto es aquel marido que está besando apasionadamente a su mujer!

—¡A la fuerza! Aquella mujer se va, no ha vuelto.

———————— ☺ ————————

Un marido inglés, muy inglés, se dirige a su esposa en los siguientes términos:

—¡Querida Ana, te lo ruego, haz salir a tu amante de mi armario, tengo prisa y debo tomar mi chaqueta!

———————— ☺ ————————

La maestra le pregunta a Jaimito, al regresar de las vacaciones:

—Hola, Jaimito, ¿cómo han ido tus vacaciones?

—Regular.

—¿Sólo regular? Pues ¿adónde has ido?

—A las Canarias.

—¿Y te han gustado?

—Bueno, no demasiado, ¡porque no había ni un solo canario!

En un autobús un caballero insta a un joven que se encuentra frente a él:

—Joven, ¿por qué no deja sentarse a la señora?

—¡No, es que yo soy así de estatura!

—————— ☺ ——————

Unas madres comentan sobre sus hijos:

—¿Cuánto tiempo hace que anda su hijo?

—Hace ya más de dos meses.

—¡Pues ahora ya debe de estar muy lejos!

—————— ☺ ——————

En una conversación telefónica:

—Oiga, ¿me pasaría a su mujer?

—Encantado, ¿y las maletas dónde se las mando?

—————— ☺ ——————

Jaimito pasa con su madre por una tienda de coches de ocasión.

—Mamá, ¿para qué sirven los coches viejos y usados?

—Se los venden a tu padre, tesoro.

—————— ☺ ——————

Un hombre con dificultades económicas intenta vender su bicicleta para ganar un poco de dinero.

—Me interesa —dice un posible comprador—. Pero, ¿qué tal va en subida?

—¡Estupendamente! Ha ido arriba y abajo del Monte de Piedad durante tres años.

La enfermera de una consulta médica coge el teléfono y responde:

—No, el doctor Pérez no está en Barcelona, está en el extranjero durante veinte días aproximadamente.

—¿Ah, sí? ¡Qué suerte!, y en viaje de placer, supongo...

—Bueno creo que no, se ha ido de vacaciones con su mujer.

———————— ☺ ————————

Una joven decide llevar a reparar su automóvil, que no parece marchar del todo bien.

—Señorita, en su coche falta una rueda —observa el mecánico.

—¡Ah, ahora comprendo por qué he encontrado una escondida en el portamaletas!

———————— ☺ ————————

La esposa de una paloma mensajera le dice a una amiga:

—Estoy segura que cuando mi marido vuela por trabajo me traiciona. Ayer, cuando volvió a casa, tenía en el ala una pluma marrón y yo soy toda blanca.

———————— ☺ ————————

En un elegante restaurante francés, una pareja está cenando. El camarero, muy atento, se acerca a su mesa y pregunta:

—Perdone, señor, ¿cómo ha encontrado el bistec?

—¡Por casualidad, debajo de un guisante!

Un amigo le dice a otro:

—Sabes, a causa del accidente de coche que tuve me han tenido que cortar una pierna.

—¡Oh, qué lástima! ¿Pero al menos el pie lo has salvado?

———————— ☺ ————————

Jaimito pregunta a su madre:

—Mamá, ¿por qué al autobús lo llaman un *medio público*?

—Pues porque el otro medio va en coche.

———————— ☺ ————————

Un niño curioso le pregunta a su padre:

—Papá, ¿es verdad que dentro de poco podremos viajar a la luna?

—¡Sí, hijo, pero no se lo digas a mamá que se apuntaría!

———————— ☺ ————————

Una mujer se enfada con su marido y le dice:

—Tienes que despedir al chofer, es ya la tercera vez que está a punto de matarme con el coche.

—No te enfades, querida, es un buen chico, deja que le dé otra oportunidad.

———————— ☺ ————————

Un hombre se encuentra por la calle a un amigo que va cargado con una maleta y le pregunta:

—¿Te marchas de viaje?

—Sí, hombre, ¿no sabes lo que ha pasado?

—No, dime.

—Pues que mi mujer se ha fugado con otro.

—¿Y vas en su busca?

—¡Qué va! Al contrario, me marcho rápidamente de aquí, ¡no sea que se arrepienta y le dé por regresar a casa!

———————— ☺ ————————

Dos amigos están pasando sus vacaciones en alta montaña. Uno de ellos comenta al otro:

—¿Ves estas cumbres nevadas tan blancas?

—Sí.

—¡Pues el que las pasa, las pasa negras!

———————— ☺ ————————

En un peligroso barrio de una capital española, un ladrón detiene a un turista, saca una pistola y le amenaza diciendo:

—¡Deme cinco mil pesetas!

—Bueno —responde asustado el hombre—, pero tendrá que cambiarme porque sólo llevo un billete de diez mil.

———————— ☺ ————————

Una madre y su hijo van a ver al director de un colegio. La madre le dice a este:

—Quiero que mi hijo aprenda una lengua extranjera.

Y el director le pregunta:

—¿Inglés, francés, italiano?

—Me da igual, el precio no me importa, quiero el idioma más extranjero que tenga.

Un amigo le comenta a otro:

—Pues sí, en París me encontré a Fernández con gripe; en Bruselas a González resfriado; en Londres a Pérez acatarrado... ¡Ya ves, el mundo es un pañuelo!

—— ☺ ——

Una amiga le pregunta a otra:

—¿Así que Merceditas ha aprendido el esperanto?

—Sí.

—¿Y qué tal lo habla?

—Muy bien, ¡como si hubiera nacido allí!

—— ☺ ——

Un amigo le pregunta a otro:

—¿Dónde has estado este verano?

—En el Sahara.

—¿Y había mucha gente conocida?

—— ☺ ——

Un amigo le dice a otro:

—Después de tantos años de viajar continuamente en avión, ¿no has sufrido jamás un accidente?

—Sí, en Valencia, durante un aterrizaje forzoso conocí a mi mujer.

—— ☺ ——

María le dice a su novio:

—Sí, Juan, huiré contigo, pero papá dice que vendrá con nosotros porque está harto de fregar la vajilla.

Un automovilista detiene su coche ante un viejo campesino y le pregunta:

—¿A qué distancia se halla próxima población?

—A cosa de unos cincuenta kilómetros—responde el campesino.

El automovilista objeta extrañado:

—Pero ¿cómo es eso? A unos treinta kilómetros de aquí hice la misma pregunta y me dijeron exactamente lo mismo que usted.

El aldeano entonces contesta tranquilamente:

—Eso le probará que no estoy mintiendo.

——————— ☺ ———————

Un importantísimo hombre de estado muere y con su magnífico automóvil se dirige al cielo.

San Pedro, al verle llegar tan decidido, le dice:

—Usted vaya a la cola como todos y cuando le toque el turno ya veremos si puede usted entrar en el cielo o no.

—¿Es que no sabe con quién está hablando? —exclama el recién llegado—. ¡Yo soy fulano de tal y en mi país...!

—A mí me da igual quién es usted. Le repito que vaya a la cola y aguante turno como los demás. ¡Aquí no hay favoritismos!

El importante personaje, sin replicar, va a colocarse donde le ordena San Pedro.

De repente, ve llegar un coche diminuto con matrícula B-1, conducido por un joven que, sin detenerse, llega a la puerta del cielo. San Pedro abre de par en par y el automóvil entra raudo y desaparece al momento.

Al ver esto, el hombre de estado se acerca de nuevo a San Pedro y malhumorado le dice:

—Oiga, ¿no decía que aquí no hay favoritismos? ¿Por qué ha dejado pasar a ese coche con matrícula de Barcelona?

—El portero del cielo contiene a duras penas su paciencia y contesta sonriente:

—Mire, señor, ese coche no es matrícula de Barcelona sino de Belén. Y el que lo conduce es Jesús, el hijo del Jefe... ¿Comprende?

———————— ☺ ————————

Un joven pregunta a su guapa vecina:

—¿Qué diferencia hay entre un europeo, un americano y un coche?

La chica queda un instante pensando y luego dice:

—¡No lo sé! ¡No me he encontrado nunca debajo de un coche!

———————— ☺ ————————

Una hermosa joven hace autostop en una carretera. Se acerca un automóvil y ella, que lo ve, hace la conocida señal del pulgar hacia delante.

Pero el conductor, que lleva en el asiento trasero a su esposa, una mujer vieja y malcarada, hace una mueca significativa y con su pulgar señala hacia atrás, al tiempo que tuerce el gesto con resignación.

———————— ☺ ————————

Una señora toma un taxi. Cuando termina el recorrido pide el importe del mismo.

—Quinientas veinte pesetas— contesta el taxista.

La mujer, nerviosa, busca y rebusca en su bolso. Finalmente confiesa avergonzada:

—No tengo bastante para pagarle, señor. Me faltan veinte pesetas.

El taxista pone cara de enfado, pero, antes de que pueda replicar, añade la señora:

—¡Lo que puede hacer es dar veinte pesetas de marcha atrás!

————— ☺ —————

Varios amigos beben unas cervezas en un bar mientras charlan de los asuntos más diversos.

—¡Oíd! —dice uno de ellos—. ¡Es escalofriante esta estadística! —Y lee en voz alta una noticia de la prensa—: «Un hombre es atropellado en Nueva York cada diez minutos.»

Uno de los compañeros al oírlo exclama apenado:

—¡Pobrecillo! ¡Quedará completamente destrozado!

————— ☺ —————

Un señor llega de visita a casa de unos amigos y, después de los saludos de rigor, dice:

—Desde que os habéis comprado un coche no se os ve por ninguna parte. ¿Dónde os metéis?

El dueño de la casa contesta resignado:

—¡En las comisarías y en las casas de socorro...!

————— ☺ —————

Un aldeano pregunta a un individuo en la parada del autobús del pueblo:

—Oiga, ¿este autobús lleva al cementerio?

El interpelado sonríe burlón y contesta con guasa:

—Si se pone delante, sí.

———————— ☺ ————————

Es hora punta y las calles están tan atestadas de coches que apenas pueden avanzar unos metros de vez en cuando.

Un señor va por la acera camino de su casa y un amigo que lo ve le grita desde su automóvil:

—¡Oye, Juan! ¿Quieres subir?

A lo que el peatón contesta:

—No, gracias, hoy no tengo prisa.

———————— ☺ ————————

Otto se ha casado con una mujercita ideal: joven ella, rubia ella, de ojos azules ella, etc. Van en viaje de novios, en un autocar de primera.

Otto, después de un rato de camino, pregunta a su esposa:

—¿Vas cómoda, amor mío?

—Sí, sí —contesta la joven—; voy muy bien.

—¿Es mullido ese asiento?

—Es muy cómodo.

—¿Te molestan los vaivenes del coche?

—No se sienten apenas.

—¿Puedes reclinar bien la cabeza?

—Perfectamente.

—Bueno —dice el marido—, entonces levántate y déjame sentar un poquito en ese sitio... ¡Aquí yo no voy muy bien!

Uno de esos enormes camiones que cargan 30 toneladas y más está subiendo una cuesta muy prolongada.

El conductor se asoma a la ventanilla y ve a un motorista que, agarrado a la parte trasera, se deja llevar tranquilamente.

—¿Qué? ¿Se va bien colgado? —grita el conductor al de la moto.

—Oiga, amigo —replica el motorista—, que yo no me cuelgo; estoy empujando para que el camión suba mejor la cuesta.

———————— ☺ ————————

Un coche de competición que está realizando unos entrenamientos va lanzado por la autopista a más de 200 kilómetros por hora.

Una señora que va sentada junto al conductor sin que nadie sepa explicar cómo aquella mujer ha montado allí, pregunta asustada:

—Oiga, dígame, entonces ¿este no es el coche que va a la plaza Mayor?

———————— ☺ ————————

Unos turistas atraviesan con su automóvil una aldea de montaña. De pronto, al tomar una curva muy cerrada, atropellan a un campesino, que queda tendido en el suelo lamentándose y gritando de dolor:

—¡Ustedes son los mismos que me atropellaron el año pasado!

Pero los del automóvil, sin detenerse siquiera para atender al accidentado, responden entre risas:

—¡Ah, dispense usted! ¡No le habíamos conocido!

Un contratista llega con el coche a inspeccionar una de sus obras y de pronto observa que uno de los albañiles, con las manos en los bolsillos, contempla tranquilamente cómo los demás trabajan.

El contratista, indignado, sale del coche e increpa al vago trabajador, diciéndole:

—¡Hace rato que vengo observándole y todo el rato ha estado haciendo el vago! —Saca la cartera, extrae unos billetes y se dirige al empleado—: Aquí tiene el importe de sus jornales de esta semana. Queda despedido. ¡No me replique, no quiero oír ni una sola palabra! ¡Ande, quítese de mi vista!

El otro coge los billetes y sin decir esta boca es mía, monta en su utilitario y desaparece.

Orgulloso de su valentía y coraje, el contratista le cuenta el caso al capataz. Pero este replica sorprendido:

—¡Pero si ese individuo no trabaja en la obra! ¡Es un albañil sin trabajo que ha venido a ver si podíamos emplearlo!

———————— ☺ ————————

Atravesando en mi automóvil una región despoblada, me perdí. Y después de andar un rato despistado, fui a parar al peor de los caminos que he visto en mi vida...

No había avanzado mucho, cuando me hundí en un lodazal profundo. Llevaba cerca de veinte minutos luchando en vano por salir de allí, cuando vi aparecer un viejo que llevaba un caballo y una cadena.

Sin decir una palabra, enganchó la cadena al automóvil e hizo tirar de ella al caballo. Luego se volvió hacia mí y extendiendo la mano dijo:

—Diez mil pesetas.

Maldiciendo para mis adentros, le alargué el billete azul.

—¿Y así se gana usted la vida?— le pregunté.

—Sí señor.

—Pero¿ cómo hizo usted para saber dónde estaba yo?

Señaló hacia una casa de campo que se alzaba en un cerro distante y respondió:

—Es mi casa. El invierno pasado puse un anteojo de larga vista en la cocina y ya no tengo que trabajar...¡Caen muchos como usted!

——————— ☺ ———————

Una mujer se abraza a su marido llorando y gime:

—¡Es horrible, Juan! Acaban de comunicarme que un camión ha partido en dos pedazos a mi mamá.

—¡Demonio!— exclama el esposo —. ¿ Y qué hago yo ahora con dos suegras?

——————— ☺ ———————

Viajaba cierta vez en un autobús el verdugo de Sevilla. Iba a un pueblo de Extremadura a ejecutar a un peligroso asesino. Y aunque el hombre estaba tranquilo y sereno como un buey, parecía como si llevara impreso en el rostro el signo de su terrible profesión.

Todo el mundo se apartaba de su lado. Pero este desprecio insolente y espectacular, lejos de enojarle, le envanecía. Estaba orgulloso de su oficio. Y, además, viajaba con más comodidad...

En una parada del camino subió al coche otro sujeto, escuálido, alto y de un aspecto un tanto repugnante. Se sentó al lado del verdugo como si tal cosa.

Sorprendió esta actitud a los otros viajeros y molestó al verdugo, que, con cara de pocos amigos, le dijo:

—¡Os guarde Dios de mis manos, amigo!

—¡Y a vos de las mías, compañero! —replicó el otro.

—¿Sabéis quién soy?

—Lo ignoro. Pero no me importa. ¿Sabe usted acaso quién soy yo?

—¡Es que yo soy el verdugo!

—¡Tanto gusto! ¡Y yo soy el enterrador...!

———————— ☺ ————————

Cierto señor que hace un viaje en automóvil ve una fila de coches parados a un lado de la carretera.

Al observar que un agente de tráfico está junto al primer coche, toma su puesto en la cola, creyendo que se trata de una inspección de rutina.

Pero cuál no es su ira al oír que el policía, llegado su turno en la fila de automovilistas, le dice:

—Y a usted, igual que a sus compañeros, le voy a multar por exceso de velocidad...

———————— ☺ ————————

Un individuo que ha estado bebiendo más de la cuenta sube a un taxi. Al cabo de un rato pregunta al conductor qué distancia existe entre Barcelona y Tarragona.

—Unos cien kilómetros —le responde el taxista.

Al cabo de un rato el borracho pregunta de nuevo:

—¿Y qué distancia hay entre Tarragona y Barcelona?

—Si hay cien kilómetros entre Barcelona y Tarragona, naturalmente que habrá la misma distancia entre Tarragona y Barcelona —contesta, amoscado, el taxista.

—No necesariamente, amigo —replica el pasajero—. Porque de Nochebuena a Año Nuevo hay una semana y de Año Nuevo a Nochebuena hay muchas. ¿O no?

———————— ☺ ————————

Un matrimonio se dirige a la plaza de toros y un amigo, que los ve, detiene su coche y los saluda.

—¿Qué, vais de toros hoy? —les pregunta amablemente.

—¡No, señor! ¡Vamos de espectadores...! —replican indignados.

———————— ☺ ————————

Un agente de tráfico pregunta a un hombre que acaba de ser víctima de un atropello:

—El conductor del coche que le ha atropellado está detenido. ¿Lo perseguirá usted?

A lo que el peatón, extrañado, replica:

—¿Para qué? ¿No dice que está detenido?

———————— ☺ ————————

Una señora está tratando de sacar su automóvil del sitio donde lo tiene aparcado, embiste primero al coche que tiene delante; luego, al hacer marcha atrás, choca con el coche que está detrás.

Y, por último, cuando ya está en plena calle a punto de atropellar a un peatón, es detenida por un agente de tráfico.

Este, que ha estado contemplando la escena, se dirige a la automovilista y le dice.

—¿Quiere hacer el favor de enseñarme su permiso de conducir?

La señora le mira asombrada y le replica:

—¡Vamos, no sea usted inocente! ¿Quién iba a darme a mí un permiso de conducir...?

———————— ☺ ————————

Un automovilista va por la carretera a medianoche cuando, de pronto, ve a un hombre que está manipulando el motor de su vehículo parado en la cuneta.

El individuo detiene el coche y pregunta amablemente:

—¿Necesita ayuda?

—¡Oh, sí, gracias! —contesta el otro—. Viene usted que ni llovido del cielo. —Y, tras una breve pausa, agrega—: Suba a su coche y llévese a mi mujer con usted. Así ella dejará de darme consejos y yo podré terminar en paz la reparación.

———————— ☺ ————————

Un turista que viaja de noche en su automóvil por Estados Unidos, estado de Alabama, se detiene, antes de pasar a Misisipí, ante un rótulo que hay colgado junto a un surtidor de gasolina. El rótulo decía: «Esta es la última ocasión que usted tiene de adquirir gasolina a noventa centavos el litro.»

El turista, después que le llenan el depósito, se atreve a preguntar al empleado:

—Oiga, ¿me podría decir a qué precio está la gasolina en Misisipí?

—A ochenta y cuatro, señor.

Es medianoche y un automóvil hace un alto en una esquina. El conductor se dirige a un noctámbulo que está en la acera y le pregunta:

—Perdone, señor, ¿dónde queda la calle Ancha?

El individuo contesta secamente:

—Soy peatón, señor. Y no ayudo a los automovilistas...

☺

Un español viaja por Escocia cuando tiene la desgracia de sufrir un grave accidente automovilístico.

Es transportado inmediatamente a una clínica, donde el médico de guardia indica que es necesario hacerle una transfusión de sangre.

Naturalmente, el que le da sangre es un escocés. La operación resulta bien y el español, echando mano de la cartera, le da cinco mil pesetas al donante.

Por la noche sobreviene una hemorragia y se somete a una nueva transfusión. Terminada esta, el enfermo da mil pesetas a su benefactor.

A la noche siguiente nueva hemorragia y nueva transfusión. Esta vez el español no regala más que cien pesetas.

Entonces, cuando el médico comenta con el donante de sangre que la generosidad del enfermo iba disminuyendo, el otro responde:

—Es que ahora en las venas tiene demasiada sangre escocesa, y ya sabe cómo son los escoceses...

☺

Un noctámbulo, algo bebido, es rozado por un taxi.

—¡Imbécil! —grita el borracho al conductor—. ¡Ponga más atención, un poco más y me aplasta!

A lo que responde el taxista, con guasa:

—Y bien, ¿qué? Esta vez he fallado, pero pruebe otra vez a pasar y verá.

———————— ☺ ————————

Al llegar de madrugada a París el célebre escritor Conan Doyle toma un taxi para ir al hotel. Al pagar al conductor, este le dice:

—Gracias, señor Doyle.

—¿Cómo sabe mi nombre? —pregunta sorprendido el famoso autor.

—He leído en los periódicos que hoy llegaba usted del sur de Francia —contesta el taxista—. Su aspecto general denota que es usted inglés. Se ha cortado el pelo la semana pasada en una peluquería del sur de Francia.

—¡Esto es sorprendente! —exclama el autor de *Sherlock Holmes*—. ¿No tenía usted ningún otro rastro para identificarme?

—Ninguno —responde el taxista—. A no ser que lleva el nombre puesto en sus maletas...

———————— ☺ ————————

A media noche una mujer esbelta y elegantemente vestida viaja en la plataforma de un autobús. A su lado está en pie otra mujer bastante gruesa que, al parecer, acaba de salir del trabajo.

Pasados unos instantes, queda libre un asiento y la primera mujer se dirige sonriente a la más gruesa y le dice:

—Siéntese, por favor. Usted es mayor y la edad es un privilegio.

La señora gruesa la mira fijamente y replica:

—Desde luego que hay que respetar la edad. Por eso es usted quien debe sentarse.

La mujer elegantemente vestida sonríe y se sienta cómodamente. Algo después se levanta de nuevo y se dispone a apearse del autobús. Pero al pasar al lado de la otra, susurra en su oído:

—No falla. Eso de la edad siempre me garantiza el viajar sentada. Gracias.

———————— ☺ ————————

Un guardia detiene un coche conducido por una señora.

—Por favor —le dice—, ¿me da su permiso de conducir?

A lo que la ingenua señora replica:

—¿Cómo se lo voy a entregar si ustedes me lo quitaron el año pasado?

———————— ☺ ————————

Un individuo muestra a un amigo su automóvil y le dice:

—¿Qué te parece? ¿ Te gusta?

—No está mal —responde el otro—. ¿Y dices que este coche hace los cincuenta...?

—Sí señor, los cumple el mes que viene.

———————— ☺ ————————

En los primeros tiempos del automovilismo, un joven aldeano recibe el encargo de llevar una mula a un lugar situado a varios kilómetros del pueblo.

Como estaba anocheciendo, el amo de la mula le advierte que tenga mucho cuidado.

—Mira, Juan, si ves acercarse alguna luz por la carretera, coges la mula y te vas a una de las cunetas hasta que pase. ¿Entendido?

—Sí señor.

Al día siguiente, después de una afanosa búsqueda, el amo encuentra a Juan en un hospital cercano, con heridas de cierta importancia en todo el cuerpo. La mula había muerto.

—Pero, Juan —le pregunta el amo—, ¿por qué no hiciste lo que te dije?, ¿por qué no te echaste a un lado hasta que pasara la luz?

—Traté de hacerlo —replica el mozo—; pero había dos luces, y decidí pasar por en medio...

———————— ☺ ————————

Un señor comenta en el bar con un amigo:

—Yo todos los días salvo a alguien de ser atropellado.

—¿Y cómo te las arreglas? —pregunta intrigado su interlocutor.

—Muy sencillo: dejo el coche en el garaje.

———————— ☺ ————————

Un matrimonio marcha tan contento con su automóvil, cuando de pronto el marido nota algo extraño en la parte trasera del coche.

Sin molestarse en bajar del vehículo, pregunta a un transeúnte:

—Oiga, por favor, ¿cómo está el neumático de detrás?

A lo que el peatón contesta:

—Por arriba, bien; pero por debajo está completamente deshinchado.

Cierto automovilista encuentra a un labriego en el camino y le pregunta:

—Dígame, ¿voy bien para ir a Cuenca?

—No lo sé, señor —responde cortésmente el labriego.

—Entonces, ¿hacia dónde cae Cuenca?

—No lo sé, señor.

—¿Sabe usted que es bastante tonto, buen hombre? —termina diciendo el automovilista.

—Puede ser, pero yo no me he perdido, señor...

——————— ☺ ———————

Una señora cuenta con emoción la manera cómo conoció a su tercer marido.

—Iba por la calle con mi segundo esposo y de pronto él vio una fotografía que estaba en la otra parte de la acera, un gran retrato de mi primer marido. Se precipitó a mirarlo de cerca, porque era un hombre de sentimientos muy delicados. Y al atravesar la calzada lo atropelló un automóvil. ¡Así murió el pobrecito!

Uno de los presentes le dice:

—Oiga, señora, usted iba a contarnos cómo conoció al tercero.

—Sí. ¡Era el que conducía el coche que atropelló al segundo de mis esposos...!

——————— ☺ ———————

Tras un accidente de tráfico, el conductor del vehículo dice al accidentado que permanece herido en el suelo:

—La culpa ha sido de usted. Yo marchaba con mucho cuidado y, además, tengo ocho años de experiencia de conducción.

El accidentado le replica:

—Señor, yo creo que la falta es de usted. Yo me paseaba tranquilamente y tengo setenta y dos años de experiencia de andar a pie...

———————— ☺ ————————

Un hombre va al hospital a ver a un amigo que ha sufrido un accidente. Cuando está junto a él le pregunta:

—¿Y cómo fue el accidente?

A lo que responde el herido:

—Pues veníamos en el automóvil de tomar unas copitas; vi venir dos coches, quise pasar entre ellos y... ¡resultó que sólo venía uno!

———————— ☺ ————————

Cuenta Petrarca que en cierta ocasión preguntó un mercader a un marinero:

—¿Dónde murió tu padre?

—En el mar —responde el marinero.

—¿Y tu abuelo?

—En el mar.

—¿Y tu bisabuelo?

—En el mar.

—¡Miserable de ti! —exclamó el mercader—. ¿Y no te bastan estos ejemplos que aún te atreves a embarcar?

Calló el marinero, reflexionó y luego preguntó al mercader:

—¿Dónde murió tu padre?

—En la cama— respondió el mercader.

—¿Y tu abuelo?

—En la cama.

—¿Y tu bisabuelo?

—En la cama.

—¡Ah, miserable! ¿Y no te bastan esos ejemplos que aún te atreves a acostarse en la cama todos los días?

——————— ☺ ———————

Dos millonarios discuten acerca de sus respectivos proyectos para pasar las vacaciones y de los obstáculos que siempre ponen ciertas mujeres a este tipo de planes.

—Ya ve usted —dice uno—, yo estoy encariñado con la idea de hacer un viaje alrededor del mundo.

—¿Y qué? —inquiere el otro.

—Pues que no puede ser, porque mi mujer se empeña en que vayamos a otra parte...

——————— ☺ ———————

A la tertulia de un café madrileño adonde iba a diario un ingenioso escritor, asistía también un individuo poco virtuoso y muy amigo de lo ajeno. Cierto día el tal sujeto dice muy contento:

—Señores, me han colocado en los talleres de los Ferrocarriles del Norte.

Al oír aquello, el escritor, con su característica guasa, le contesta:

—Pues le advierto que allí las locomotoras están contadas y a la salida de los talleres se registra al personal...

——————— ☺ ———————

Un hombre cruza la frontera francesa. Un funcionario de aduanas le pide que abra su maleta, explora en el interior, se queda pensativo un instante y luego le dice amenazadoramente:

—¡Oiga, usted hace tráfico de pijamas de seda! ¡Veo siete en su maleta!

—Bueno —le dice el turista—, yo estaré una semana aquí. Necesito uno cada día, del lunes al domingo. Es normal. ¿No?

—¡Bien! —dice el aduanero convencido—. Puede usted pasar.

Al día siguiente se presenta otro hombre en la aduana. Es el mismo aduanero el que está de servicio. Hace abrir la maleta, la explora y levantando la cabeza, dice desconfiado:

—¡Óigame, usted hace contrabando de calzoncillos! ¡Hay doce en su maleta!

A lo que el turista responde:

—¿Y por qué no? Me quedo aquí un año y necesito uno para cada mes, de enero a diciembre...

———————— ☺ ————————

Dos señoras comentan entre sí el accidente ferroviario sufrido por una de ellas cuando viajaba junto a su esposo, y del que ambos cónyuges habían salido con vida.

—A pesar de todo —dice una de ellas—, ha tenido mucha suerte, pues, una vez pasado el susto, se encuentra usted con muchos miles de pesetas que le paga el seguro por la herida de su esposo.

—Sí —replica la otra—. Tuve mucha serenidad, porque en cuanto me di cuenta de que el vagón volcaba, hice caer la maleta más pesada que llevábamos sobre la cabeza de mi marido...

Un ingeniero que dirigía en México la construcción de un ferrocarril se esforzaba en convencer a un nativo sobre las virtudes y ventajas que les reportaría el nuevo servicio.

—¿Cuánto tiempo emplean actualmente para transportar las mercancías al mercado? —le preguntó.

—Con una acémila, tres días.

—Pues bien —replicó el ingeniero, con orgullo—, cuando el tren esté terminado podrán llevar los productos al mercado y regresar a casa en un solo día.

—¡Muy bonito! —exclamó el mejicano—. ¿Y en qué voy a emplear los dos días sobrantes?

——————— ☺ ———————

A un individuo le presentan un alemán sordomudo.

—Es una gran desgracia la de este hombre —comenta—; pero, en cambio, tiene una gran virtud, una gran ventaja.

—¿Cuál? —pregunta, extrañado, el que lo ha presentado.

—Pues que puede viajar por el extranjero sin notar la diferencia de idioma en ninguna parte del mundo.

——————— ☺ ———————

En el manicomio se ven dos locos muy aplicados escribiendo. Uno de ellos pregunta al otro:

—¿A quién escribes?

—A mí mismo —responde el interpelado.

—¿Y qué te dices?

—¿Cómo quieres que lo sepa si no he recibido aún la carta?

Un americano se encuentra de viaje por Andalucía. Un buen día se cruza con un perro del país que le llama la atención por su belleza; el perro pertenece a un viejo campesino. El turista le propone la compra del can y el dueño le pregunta:

—¿Para qué lo quiere?

—Pienso llevármelo a Estados Unidos —responde el americano.

—Siendo así, no hay nada que hacer —asegura el labriego—. No quiero separarme de él.

Otro turista, español, que escucha la conversación, se acerca y tercia en ella. Instantes después, el americano ve con estupor que el magnífico perro es cedido al otro comprador por un precio inferior al que él está dispuesto a dar.

Indignado por lo que acaba de presenciar, se encara con el campesino y le dice:

—¡Usted me ha asegurado que no quería vender el perro!

—No. Responde sonriente el astuto andaluz. Yo sólo le he dicho que no quería separarme de él.

—¿Entonces?

—Ahora estoy tranquilo —le interrumpe el vendedor— porque sé que el perro, que es muy listo y me tiene mucho apego, volverá a mi casa dentro de un par de días. Mientras que si se lo hubiera vendido a usted y el animal hubiese tenido que cruzar el Atlántico a nado, seguramente no lo volvería a ver más. ¿Comprende?

——————— ☺ ———————

Durante la guerra civil española, cuando había carestía de carne, una señora se encuentra con la agradable sorpresa de que un día su carnicero tiene carne. Decidida a aprovechar la ocasión, compra 25 kilos.

Una vez hecho el voluminoso paquete, la señora ordena al tendero:

—Ahora mándemelo a casa.

—Lo siento, señora, pero no tengo medios de transporte para hacerlo —le contesta el carnicero, hombre desaprensivo.

—¡Cómo! —responde airada la mujer—. Pero si acabo de ver en la puerta de su tienda el carro de reparto.

—Es cierto. Sin embargo, acaba de comprarme usted parte del asno que llevaba el carro y murió anoche.

--------------------- ☺ ---------------------

Iban en un tren un padre y su hijito. Este saca imprudentemente la cabeza por la ventanilla.

—¡No hagas eso, nene! —dice el padre.

Pero el nene sigue haciéndolo. Entonces el padre decide darle una lección. Cuando el niño tiene su cabecita fuera, le pasa la mano por detrás y de un tirón le arranca la gorra y la esconde rápidamente.

—¿Ves? —dice—. Por no hacerme caso el viento se te ha llevado la gorra.

Entonces el niño empieza a hacer pucheros. El padre, muy contento, le tranquiliza así:

—No llores, hijo. Yo silbaré y la gorra volverá.

El hombre se pone a silbar, la gorra aparece y este se la devuelve a su hijo. Entonces el niño se la pone. Al cabo de un rato el pequeño vuelve a asomarse por la ventanilla, se saca la gorra y la tira. Entonces, volviéndose a su padre le dice:

—Papaíto, ¡silba de nuevo!

Un americano y un español, después de haber comido en un buen restaurante, hacen una apuesta para ver cuál de los dos contaría la historia más inverosímil. El americano decide explicar su historia el primero.

—Una vez había un americano muy bien educado que...

—¡Ha ganado usted! —interrumpe bruscamente el español sin dejarle concluir.

———————— ☺ ————————

Un individuo entra con su automóvil en un taller de reparación. Se dirige al dueño del local, un hombre sinvergüenza y desaprensivo, y le pregunta:

—¿Cuánto cree que me costará reparar el coche?

—¿Qué le ocurre a su automóvil? —interroga el del taller.

—No lo sé.

El dueño del local medita un segundo y luego replica:

—Entonces, cuarenta mil pesetas.

———————— ☺ ————————

Un habitante de una población cercana a Stratford, Inglaterra, pregunta a un turista extranjero:

—Oiga, señor, ¿por qué se le ha ocurrido visitar Stradford?

—Por la sencilla razón de que aquí vivió Shakespeare —responde el viajero.

—¡Shakespeare! ¡Bah! —exclama despectivo el habitante de la población vecina, sin poder dominar su envidia—. ¡Si no fuera porque escribió esos dramas, no sería nadie!

Un joven apasionado por la música viaja en un tren de Berlín a Bucarest. En su compartimiento va leyendo una partitura musical. Un compañero de viaje, que en realidad es agente del servicio secreto, trata de descifrarla. Como no lo consigue, convencido de que la partitura es una clave secreta, hace detener al músico por espionaje.

—Si es sólo una fuga de Bach —protesta el joven cuando lo sacan del tren a la fuerza.

Al día siguiente, todavía protestando por su inocencia, lo hacen comparecer ante el comisario de policía del pueblo, hombre duro e ignorante, sobre todo en música.

—Bueno, camarada —dice al detenido sonriendo siniestramente—, mejor es que cantes de una vez: ese Bach ya ha confesado todo.

———————— ☺ ————————

Un viajero sube a un tren y abre un libro. Pero a su lado un individuo pesado, que tiene el vicio de dárselas de gracioso, empieza a hacerle preguntas y más preguntas:

—¿Va usted muy lejos? — inquiere el curioso.

El interpelado contesta malhumorado:

—Pensaba ir lejos, pero como siga usted preguntando...

———————— ☺ ————————

Dos locos están asomados en la ventanilla de un tren en marcha. Uno de ellos no hace otra cosa que emitir exclamaciones y palabras de admiración.

—Pero, en definitiva, ¿qué hay tan extraordinario? — le pregunta el otro, curioso de saber el motivo de tanto estupor.

—¿No lo ves? ¡El maquinista! ¡Mira todos los túneles y no se equivoca nunca!

———————— ☺ ————————

Un envidioso dice a un amigo que acaba de comprarse un magnífico coche:

—¡Vaya…! ¡Cualquiera lo diría! ¿Desde cuándo tienes coche?

A lo que el otro contesta simplemente:

—¡Desde que el coche es mío!

———————— ☺ ————————

Un loco se acerca a la puerta de un avión, la abre, intenta saltar al vacío, pero se para, se dirige a la azafata y le dice:

—Está lloviendo, señorita. ¿Podría prestarme un paracaídas?

———————— ☺ ————————

Los alumnos de una escuela en viaje de fin de curso se encuentran en un exótico país. Están a punto de tomar un baño en la desembocadura de un río. Tomando todas las precauciones del mundo el maestro pregunta al salvavidas si hay caimanes por aquella zona. A lo que este contesta:

—No, señor, tranquilícese.

El profesor, para asegurarse mejor, entra primero en el agua mientras los alumnos esperan. Cuando lleva un rato en ella, este vuelve a preguntar al empleado.

—¿Está seguro de que no hay caimanes en este río.

—Desde luego, nunca rondan aquí, porque los ahuyentan los tiburones.

Dos compañeros de clase discuten sobre sus capacidades intelectuales.

—Pues yo, cuando sólo tenía cinco años, era un escritor muy leído —comenta un alumno a otro.

—¿Escribías cuentos infantiles?

—No, escribía en las paredes de la estación de ferrocarril.

———————— ☺ ————————

Un helicóptero se estrella en un cementerio de americano.

La policía local informa que se han encontrado varios miles de cuerpos.

———————— ☺ ————————

En una concurrida calle un coche con ocho niños dispuestos para ir a la escuela efectúa una maniobra inadecuadamente. Un guardia se acerca a la señora que conduce y le dice:

—¡Señora! ¿No sabe usted cuándo debe dar marcha atrás?

La mujer echa un vistazo a los niños y se disculpa:

—Señor guardia, todos no son míos.

———————— ☺ ————————

Un argentino que vivía en México estaba deseoso de viajar a Estados Unidos. Pero, como no sabía una palabra en inglés, fue a pedir consejo a un amigo mexicano.

—Lo primero y principal —le dice el argentino— es saber las palabras que voy a decirte para poder comer;

por el resto, no te preocupes porque un argentino puede arreglárselas donde sea.

Entonces el mexicano piensa un poco e intenta explicarle al argentino la pronunciación del inglés, pero como no sabe cómo hacerlo al fin le dice:

—Mira, mano, tú lo que tienes que decir es «sed quien es» y te darán huevos con carne (*steak and eggs*).

Luego de muchos intentos logra que el argentino repita las palabras con la entonación debida.

El argentino se marcha a Norteamérica y, una vez allí, hambriento, entra en el primer bar que ve y le dice al camarero:

—¡Ehhh! ¡Ehhh! ¿Vos quién sos?

---------- ☺ ----------

En La Habana, desde hace mucho tiempo, a las nueve de la noche tiran un cañonazo desde el Morrom de la Bahía, para indicar que son las nueve en punto, lo cual se ha bautizado como el Cañonazo de las Nueve.

Una noche, una señora pasea con su nieto por el malecón de La Habana, cuando de pronto se le escapa una ventosidad a la anciana. El nieto intrigado pregunta:

—Abuela, ¿qué fue ese ruido?

Y la abuela, para disimular, contesta:

—Eso fue el Cañonazo de las Nueve, niño.

Pero cerca de allí un borracho replica a la señora:

—Vieja, póngase en hora, que son las nueve y cuarto.

---------- ☺ ----------

Durante una visita del Papa a Cuba, este solicita al gobierno que quiere dar un paseo por la ciudad de La Habana para ver su belleza. Se le brinda un automóvil con chofer y comienza el recorrido. Pero el chofer corría demasiado y el Papa no podía ver toda la belleza de la ciudad. En varias ocasiones el Santo Padre le había pedido que condujera más despacio, pero el chofer seguía corriendo, hasta que el Pontífice le pide que se siente en el asiento trasero y decide conducir él mismo. Así pues, continuaron el recorrido: el Papa conduciendo y el chofer detrás.

Entretenido el nuevo conductor por el encanto de la ciudad, se lleva por delante la luz roja de un semáforo. Un policía lo detiene. Al acercarse al coche y ver que se trataba del Papa, el agente presenta sus disculpas diciendo:

—Continúe su viaje, discúlpeme.

Acto seguido, algo nervioso, el policía llama por la radio a su jefe explicándole lo ocurrido:

—Oiga, Jefe, creo que he metido la pata. He parado a una alta personalidad.

—Pero, ¿quién era? —le pregunta el Jefe.

—No estoy seguro, pero creo que era Jesucristo, porque el Papa iba conduciendo.

——————— ☺ ———————

En un control de carretera, un oficial detiene a cinco personas que viajaban a bordo de un Renault 4.

—Señores, necesito ver la documentación del vehículo —dice el oficial.

—No hay problema.

Después de observar los papeles del vehículo, el agente comenta con severidad:

—Aquí dice bien claro: Renault 4.

—Sí, señor, ¿cuál es el problema?

—¡Es que son cinco pasajeros!

—Señor, el número cuatro es por el modelo del coche, no tiene nada que ver la...

—¡No discuta, caballero! Aquí dice Renault 4 y sólo pueden viajar cuatro personas.

—No puede ser tan...

—Señor, por favor, baje del coche que le voy a poner una multa.

—Muy bien, pero antes solicito hablar con su jefe.

—No hay problema, sólo tendrá que esperar a que termine de discutir con los dos pasajeros del Fiat Uno.

———————— ☺ ————————

Un yanqui, un ruso y un español viajan en un tren. En un momento dado pasa una mosca volando. El ruso, ¡plas!, abate la mosca con la mano y esta cae fulminada al suelo. El ruso dice:

—Boris Demianenko, campeón de Rusia.

Al cabo de un rato pasa un mosquito volando y el yanqui, ¡zas!, le pega un guantazo al mosquito que cae al suelo. El yanqui dice:

—Tom McKenzie, campeón de los Estados Unidos.

En ese instante pasa un enorme abejorro y el español, ¡paf!, da un manotazo al yanqui en un ojo y dice:

—Vicente Pérez, aficionado.

———————— ☺ ————————

Un hermano orgulloso alardea:

—Mi hermano siempre que va a cualquier lugar tiene una acogida muy calurosa.

—Debe ser muy popular...

—No, es bombero.

Dos aldeanos que pasan sus vacaciones en las islas Canarias se encuentran en las duchas del club del lujoso hotel en el que se hospedan.

—¿Manolo, me puedes dar un poco de tu champú?

—Oye, pero ¿es que tú no tienes el tuyo?, ¿acaso se te ha acabado?

—No, pero mira, el mío dice «para cabello seco», y yo lo tengo todo mojado.

☺

Un turista entra en un bar de carretera y pide al camarero:

—Póngame una tortilla.

—¿Francesa o española, señor?

—Que más da si ni voy a hablar con ella.

☺

La NASA planifica un viaje sin retorno al sol para recolectar información científica. El tripulante de la nave debe sacrificar su vida en nombre de la ciencia ya que, dada la proximidad de las mediciones a realizar, la radiación del sol le derretirá.

Para tripular la nave se ofrecen tres voluntarios para candidatos: un chino, un alemán y un español, que se presentan ante los responsables del importante proyecto para exponer sus razones.

El primero en presentarse es el chino.

—Soy ingenielo aelonáutico, me oflesco leplesentando a mi país y su voluntad pol el desalollo científico. Sólo pido a cambio un millón de dólales para galantizal el bienestar de mi familia.

—Excelente, es usted nuestro primer candidato.

—Yo ser físico termonuclear —afirma el alemán—, con estudios superiores en cinética cuántica de partículas subatómicas. Yo represento a Alemania como muestra de nuestra superioridad intelectual y valor en estudios de alto riesgo. Para mí y para el estado sólo pido dos millones de dólares.

—Realmente pide mucho dinero —contesta el representante de la NASA—, pero dada su capacidad e inteligencia pasa a ser nuestra mejor opción.

—Yo quiero tres millones de dólares –se oye solicitar al español.

—¿Qué? ¿Y quién es usted? ¿Cuál es su preparación? —inquiere sorprendido el de la NASA.

—Yo realmente no sé mucho... pero a los efectos eso es irrelevante. Los tres millones en efectivo, por favor.

—Creo que usted está un poco ido; deme una sola razón lógica para que yo le pague tres millones de dólares.

—¡Dios, qué burros son aquí! Un millón para mí, un millón para usted y un millón para el chino, que es a quien mandamos al sol.

——————— ☺ ———————

Tres hombres avanzan deshidratados y perdidos por el desierto. De pronto se encuentran una lámpara, la frotan y sorpresa... ¡el genio de la lámpara! Este les comunica que les concederá tres deseos. Como son tres, los reparte entre ellos: cada uno pedirá un deseo.

—Quiero volver a casa —pide el primero desesperado.

¡Poof! El deseo es concedido y el primero desaparece.

—Quiero volver a casa —ruega también el segundo al genio.

¡Poof! El deseo vuelve a cumplirse y el segundo se esfuma como el primero.

El genio se dirige entonces al tercero que se estaba desternillando de risa, tirado por el suelo, se le saltaban las lágrimas, las carcajadas se oían desde La Meca... El genio, asombrado, le pregunta:

—¿Y tú de qué te ríes? ¿Qué quieres tú?

—¡Jajajaja, jijijiji, jojojo! ¡Pues yo quiero que vuelvan esos dos!

———————— ☺ ————————

El presidente de un próspero país europeo decide pasar sus vacaciones al sur del mismo. Viaja con su esposa hasta una tranquila ciudad de la costa.

Un día mientras pasean los dos por una avenida, él le dice a ella:

—Mira, mi amor, pantalones a mil quinientas pesetas, camisas a dos mil... Lo ves, ¿quién habla de crisis? La gente se queja, habla de mal manejo de fondos, de corrupción, pero ¿de crisis...?

—No te confundas, querido, esa no es una tienda de ropa, ¡es la tintorería!

———————— ☺ ————————

En un crucero de lujo un joven, que es la primera vez que realiza un viaje por mar, se acerca a un marinero y le pregunta:

—¿Dónde esta el capitán?

—Por babor.

—¡Ah! Disculpe usted. Por babor, ¿dónde está el capitán?

El alcalde de un rústico pueblo tiene que viajar a Bruselas para una importante reunión y debe llevar consigo a su mujer. Lo malo es que la mujer no sabe comportarse en público. Entonces, el gobernador la prepara diciéndole:

—Mira, querida, intenta portarte bien. Y si no puedes, al menos disimula un poco.

—No te preocupes, que me voy a comportar bien —dice la mujer.

Llega el día de la reunión y todo va muy bien, hasta que la mujer empieza a rascarse como una descosida toda la cabeza.

—¡Pero mujer, disimula un poco! —le grita el gobernador.

A lo que ella responde atónita:

—Ya lo hago, ya, si lo que me pica no es la cabeza...

———— ☺ ————

¿Qué hace un sacerdote en un aeropuerto?

Confirma los vuelos a cachetadas.

———— ☺ ————

Una pareja de recién casados llega muy enojada de su luna de miel. Al preguntarle sus amigos cómo les ha ido contestan:

—Pues lo peor que nos pudo haber pasado: llegamos a Venecia y todo estaba inundado.

———— ☺ ————

Llegan dos turistas a Guatemala, y le dice uno al otro:

—Oye, creo que aquí en Guatemala no nos quieren.

—¿Por qué, hombre?, ¿qué te hace suponer eso?

—Mira ese letrero «Correos de Guatemala».

—————— ☺ ——————

Una nueva ruta de Renfe pasaba por los prados de Galicia. Iba por allí un pastor gallego con sus ovejas y de repente, ¡taaaaan!, el tren se carga seis ovejas. El pastor sale corriendo hacia el pueblo, entra en la juguetería y empieza a dar de patadas a todos los trencitos de juguete, hasta que al final dice:

—A estos hay que matarlos de pequeños por que de mayores me matan las ovejas. Y agradezco que el tren vino de frente por que, si viene de lado, me mata todo el rebaño.

—————— ☺ ——————

¿Quién fue el primer hombre que atravesó el Atlántico en moto?

Cristóbal Colón, porque venía en su carabela.

—————— ☺ ——————

¿Por qué revisan a los camellos en las aduanas?

Por ver si están implicados en el caso de los reyes magos.

—————— ☺ ——————

Iba un nuevo rico en su Porsche 911, carretera al puerto, a 250 km/h y se le atraviesa un hombre. Por no atropellarle, el coche se va a hacer pedazos. En el hospital, el dueño del coche pregunta:

—¿Qué pasó? ¿Qué pasó con mi automóvil?

El médico al oírlo le pregunta:

—¿Cómo se preocupa usted por su automóvil, si en el accidente perdió hasta el brazo izquierdo?

—¡Nooo! ¡Mi brazo izquierdo... nooo! ¿Qué ha pasado con mi Rolex?

———————— ☺ ————————

Dice el capitán:

—¡Todos a popa!

Y popa muere aplastado.

———————— ☺ ————————

Un español y un argentino conversan amistosamente sobre sus países respectivos.

—¿Cuál es la mejor universidad del mundo? —pregunta el español.

—Aerolíneas Argentinas —responde con seguridad el argentino.

—¿Por qué?

—Porque los que en Argentina son barrenderos, cajeros de banco o secretarias, cuando viajan al extranjero se convierten en directores de cine, profesores de literatura o psicoanalistas.

———————— ☺ ————————

Un ruso, un estadounidense y un mexicano discuten sobre la modernidad de sus antepasados.

—En Rusia, si excavas mil metros, encuentras cable telefónico. Nuestros antepasados eran muy modernos.

—Pues en Estados Unidos, si excavas dos mil metros, encuentras cable de fibra óptica. Nuestros antepasados eran de lo más avanzados.

—Bueno, bueno, pero en México, si excavas tres mil metros, no encuentras absolutamente nada porque los mayas ya llevaban móvil.

——————— ☺ ———————

En la playa un bañista le dice a otro:

—¡Qué coraje tienes de alquilar barcas tan viejas! Mira esta, por ejemplo, entra el agua por todas partes.

—Cuando alquilo estas barcas me hago dar un anticipo, ¿o me crees idiota?

——————— ☺ ———————

Dos vecinos se encuentran en el ascensor en pleno mes de agosto.

—¿Y usted no va a la playa este año?

—Para ir a la playa tengo que ir primero al monte...

—¿Al monte?

—Sí, al Monte de Piedad, ¿comprende?

——————— ☺ ———————

El precio de la gasolina resulta cada vez más desorbitado. Teniendo en cuenta este hecho, un automovilista decide cambiar su coche por uno de menor consumo.

Finalmente encuentra el que desea, pero al observarlo surge en él una importante duda.

—Tal vez sea excesivamente pequeño. ¿Cómo se entra en este coche? —pregunta al vendedor.

—En este coche no se entra. Uno se lo ha de poner como si fuera un jersey.

——————— ☺ ———————

Dos alemanes, Otto y Fritz, viajan hasta Argentina para pasar sus vacaciones.

Un día, cuando pasean por la Pampa montados a caballo, se encuentran en su camino una serpiente. Los caballos se encabritan, y uno de los turistas da con sus huesos en tierra. Se le acerca, solícito, un gaucho que le pregunta:

—¿Sufrís?

A lo que el alemán responde:

—No, yo soy Otto.

——————— ☺ ———————

Un yanqui que se encuentra en un país de Sudamérica pregunta a un indígena:

—En este hermoso país, ¿cuáles son las monedas más raras?

—Todas, señor, todas.

——————— ☺ ———————

Un norteamericano está en Madrid por primera vez y trae una lista de los principales monumentos que debe visitar.

Antes de salir del hotel, pregunta a un empleado:

—¿Dónde está la basílica de los Ángeles?

—En la plaza de los Ángeles.

—Bien, pero ¿en qué número?

Un turista que se encuentra en un pequeño pueblo de montaña se acerca a un anciano que está sentado de cara al sol para hablar con él:

—¡Qué hermoso es esto! ¿Y usted de qué vive?

—Señor, nosotros sólo nos ocupamos de las bestias. En invierno: gallinas, conejos, ovejas, cerdos... Y en verano, de los veraneantes.

—————— ☺ ——————

Un turista llega a una pequeña ciudad de Córdoba y pregunta a un habitante del lugar:

—Perdone, ¿dónde está la zona norte?

El cordobés agita la cabeza y luego añade:

—¡Qué zona norte! ¡Esta es una ciudad del sur!

—————— ☺ ——————

Un grupo de turistas está visitando Versalles.

—Miren —dice el guía—, en esta cama se han acostado Luis XIV, Luis XV, Luis XVI, Luis XVIII, María Antonieta, madame Pompadour...

De pronto se oye la voz de un turista americano que exclama:

—¡Pues debían de estar muy estrechos!

—————— ☺ ——————

Un grupo de turistas españoles recorre los principales lugares de Londres. El guía les lleva a la Torre de Londres, a la Cámara de los Comunes, a Westminster... Al llegar ante el Palacio de Buckingham quedan maravillados de las dimensiones del edificio, y un catalán pregunta:

—¿Cuántas personas trabajan ahí dentro?

—Una tercera parte aproximadamente —responde el guía.

———— ☺ ————

En las década de los ochenta, un turista soviético es interrogado por un periodista español.

—¿Es usted feliz?

—Completamente.

—¿Disfruta de comodidades parecidas a las que gozamos los ciudadanos de los países democráticos?

—Igual o mejor —insiste el ruso.

—¿Baño, teléfono...?

—¡Claro, claro!

—¿Aparato de radio, televisor...?

—Pues claro; sin radio ni televisión, ¿cómo sabría si soy feliz o no?

———— ☺ ————

Un grupo de turistas visita España. Cuando ya llevan un par de días en el país, su guía les dice:

—Muy bien. Ya han visto ustedes todas las corridas de toros. Mañana les llevaré a ver al Greco.

—¡No! ¡Estamos hartos de caras largas! —se quejan todos.

———— ☺ ————

Dos turistas ingleses que están de vacaciones en Almería conversan sobre el terrible calor que soportan.

—¡Esto es espantoso! —dice uno.

—¡Ciertamente, no hay quien lo resista! —replica el otro.

—¿A cuántos grados debemos de estar?

—Es imposible saberlo. No hay ningún termómetro aquí y está terminantemente prohibido traerlos.

—¿Por qué?

—Porque si supiéramos la temperatura que hace, no podríamos aguantarla más y nos marcharíamos.

———————— ☺ ————————

Un matrimonio de mediana edad está en el puerto a punto de embarcarse para emprender un crucero. La mujer lleva consigo varias maletas. El marido, al verlas, murmura:

—Deberías haberte traído también el piano...

—¿Quieres hacerte el gracioso? —pregunta la esposa.

—No, es que me dejé encima los billetes del viaje —responde desolado el esposo.

———————— ☺ ————————

Un grupo de comerciales viaja a Nueva York para asistir a unas jornadas de empresa. En la ciudad de los rascacielos se alojan en un magnífico hotel de ochenta pisos.

Una noche, al regresar de la cena, el conserje les dice que el ascensor no funciona, por lo que no les queda más remedio que subir andando. Entonces a uno del grupo se le ocurre una idea.

—¿Sabéis lo que podemos hacer? Cada uno de nosotros explicará una historia, y así se nos hará menos dura la subida.

La primera historia les dura hasta el piso 20; la segunda, hasta el piso 30; la tercera, hasta el piso 40.

Y cuando están agotados, el siguiente en contar la historia dice:

—Me temo que la mía no os va a gustar.

—¿Por qué? —responden los demás.

—Porque habéis de saber, amigos, que nos hemos olvidado las llaves en conserjería.

———————— ☺ ————————

Un amigo le comenta a otro:

—Sabes, van a subir el metro.

—¡Qué bien! ¡Así no tendremos que bajar tantas escaleras!

———————— ☺ ————————

El dueño de un pequeño hotel pregunta a un viajero recién llegado:

—¿Desea que la camarera lo despierte por la mañana?

El cliente responde atentamente:

—No, no es necesario. Soy la puntualidad personificada; todos los días a las siete en punto abro los ojos.

—En tal caso, ¿sería usted tan amable de despertar a la camarera?

———————— ☺ ————————

Tres jóvenes andaluces viajan hasta un pequeño pueblo nórdico. Una vez instalados en las respectivas habitaciones del hotel en el que se hospedan, comentan el reducido tamaño de las mismas.

—La mía es tan pequeña que cuando me desnudo tengo que sacar los brazos por la ventana.

—Pues la mía —comenta el segundo— es tan reducida que, si me pongo enfermo y el médico me pide que le enseñe la lengua, tendré que sacarla al pasillo.

—¡Todo eso no es ná! —exclama el tercero—. Figuraos si es pequeña la mía que, en cuanto entra el sol, tengo que salir yo.

☺

Un revisor, observando que un pasajero lleva un cigarrillo en los labios le advierte:

—Señor, en el tren no se puede fumar.

—Pero es que el cigarrillo está apagado —responde el pasajero.

—¡Oh, perdone! Si es así, puede seguir fumando.

☺

Un cliente llega a un hotel y pregunta al director:

—¿Cuánto cuesta una habitación para un noche?

—Cinco mil pesetas —responde el director.

—¿Se acuerda que este verano pagué cuatro mil pesetas por una noche?

—Sí, pero es que en verano las noches son más cortas.

☺

En medio del abarrotamiento de un tren, un joven observa que va sentada a su lado una señorita de belleza extraordinaria. Arrebatado por su beldad, se inclina levemente y sin decir palabra la besa con toda cortesía.

La muchacha se vuelve sorprendida, contempla al hombre por un momento muy seria y le dice:

—No acepto regalos de desconocidos.

Y a continuación le devuelve gentilmente el beso.

———————— ☺ ————————

Una joven y su madre se apean en una estación de un tren.

—Ese joven tan guapo me cogió la mano al pasar el túnel —dice la chica a su madre.

—¿Y por qué no me lo dijiste antes?

—Porque no sabía si había algún túnel más.

———————— ☺ ————————

Tres alpinistas catalanes viajan a Suiza para practicar su deporte favorito.

En pleno ascenso son sorprendidos por un fuerte viento y deciden esperar en un frío refugio hasta que llegue ayuda. Cuando ya se encuentran en el límite de sus fuerzas, llegan los socorristas.

—¡Abran, somos la Cruz Roja!

Desde el interior se oye una voz debilísima que dice:

—No, ya hemos dado...

———————— ☺ ————————

Dos conocidos se encuentran después de algún tiempo de no verse.

—¡Cuánto tiempo sin verte!

—He estado en la montaña para cambiar un poco de aires.

—¿Has dicho «para cambiar de aires»? No lo creo: tienes el mismo aire de tonto de siempre.

Un individuo muy tacaño mantiene una conversación sobre coches con unos compañeros:

—Yo no tengo automóvil porque cuesta muy caro su mantenimiento: impuestos, garaje, gasolina, seguro, reparaciones... ¡Cuántos gastos!

Otro compañero contesta:

—Y eso, amigo, que no cuenta usted los gastos de hospital, médicos, vendajes...

———————— ☺ ————————

Un poderoso financiero regresa a su pueblo natal después de estar varios años viviendo en América y decide regalar un gran terreno a sus paisanos para que construyan en él un parque.

La oferta es aceptada y el ayuntamiento se reúne para decidir la construcción del parque.

El primero en hablar es el concejal más antiguo, que recuerda al señor alcalde, hombre bastante inculto y vanidoso:

—Hay una especie de canal natural que cruza el terreno. ¿Por qué no hacer como en Venecia y colocar cuatro o seis góndolas?

El alcalde medita unos instantes y después declara:

—Me parece una buena idea, aunque es mejor que no nos metamos en gastos insensatos desde el principio...

—¿Entonces? —inquiere otro concejal.

El alcalde sonríe, satisfecho de la gran idea que ha tenido, y replica:

—Nos limitaremos a comprar una góndola y un góndolo, los colocaremos juntos y la naturaleza se encargará de lo demás.

Las alumnas de historia del arte de un prestigioso colegio realizan un viaje de estudios para conocer los castillos reales de la monarquía española. En uno de ellos, el guía va contando a las chicas las anécdotas relacionadas con este:

—¡Miren bien esta cama, señoritas, Juana la Loca y Fernando V se acostaron en ella!

—¡Pero no sería al mismo tiempo! —responde una de las alumnas.

—¿Y por qué no? —dice el guía muy molesto—. ¡Vea usted misma que es una cama de dos plazas!

☺

Un muchacho llega llorando desconsolado a su casa después del colegio. Cuando su madre lo ve le pregunta:

—¿Qué te ha sucedido?

—¡El maestro me ha castigado porque no he sabido dónde están los Alpes!

—Bien hecho —replica la madre—, así no olvidarás dónde pones las cosas.

☺

En una autoescuela el profesor de teoría imparte clase a sus alumnos:

—¿Qué significa una señal triangular que tiene un niño dibujado con una cartera en la mano? —pregunta a la clase en general.

—Un niño que sale de la escuela —responde uno de los alumnos.

—¿Podría tratarse también de un alumno que va a la escuela? —vuelve a preguntar el profesor.

—¡No, señor, porque el niño está corriendo!

Un viejo maestro de escuela toma el autobús. En el momento de subir, un hombre le ofrece su asiento.

—No, gracias —le dice este—, un hombre de la enseñanza no puede servirse de los demás, sino al contrario, tiene que servir a todos los demás. ¡Siéntese usted, por favor!

Un momento después el hombre vuelve a levantarse, pero el maestro, testarudo como una mula, repite:

—Le he dicho que se siente, por favor. No insista. Además, no estoy tan cansado como parece. Me aguanto perfectamente sobre mis piernas.

La misma escena se repite tres o cuatro veces más. Al final, el hombre se levante furioso y le grita al viejo maestro:

—Bueno, ¿me deja pasar por las buenas o voy a tener que pasar por las malas? Ya hace cinco paradas que ha pasado la de mi casa.

---- ☺ ----

Los niños de una escuela situada en las afueras de la ciudad vuelven a sus respectivas casas en autocar.

Un día uno de los autocares se avería y los niños tienen que ser repartidos entre los restantes.

—¿Quién decía que en este autocar caben sólo cincuenta niños? Ahora vamos en él por lo menos cien.

—¡Eso no es nada! En mi casa tengo un bote de cristal pequeñito en el que caben 250.000 unidades de penicilina.

---- ☺ ----

Un grupo de niños y su maestro se disponen a comenzar sus vacaciones de verano en Inglaterra. Apenas aterriza el avión comienza a llover; es una lluvia fina pero constante.

—Dígame, ¿llueve con frecuencia en este país? —pregunta el maestro a la azafata.

—Sólo dos veces al año —contesta ella.

—¡Menos mal! ¿Y cuánto dura la lluvia cada vez?

—Seis meses.

———————— ☺ ————————

Un grupo de niños que junto con el maestro ha salido de excursión en bote se encuentra en un grave aprieto al hacer agua el pequeño barquito. Uno de ellos, sin inmutarse, saca su bocadillo y comienza a comer. El maestro lo ve y pregunta:

—¿Eso es todo lo que se te ocurre hacer en un momento como este?

—Es que antes de beber agua me gusta comer algo —responde el chico.

———————— ☺ ————————

Un muchacho, dolido a causa de la reprimenda que su padre le ha dado por no aplicarse en sus clases, decide abandonar el hogar.

Al llegar la noche coge su mochila y sale de su casa sin hacer ruido por la puerta de atrás. Un agente del orden público que lo ve pasear arriba y abajo varias veces a lo largo de la acera le pregunta:

—¿Qué haces a estas horas fuera de tu casa?

—Es que quisiera dar la vuelta al mundo —responde el niño muy compungido y lloroso—, pero mi papá no me deja cruzar la calle solo.

Un profesor de geografía pregunta a la clase mientras señala un lugar en el mapamundi:

—¿Por qué se dice que en esta región el clima es muy variable?

—Pues porque unas veces es malo y otras veces es peor —contesta rápidamente un esforzado alumno.

---------- ☺ ----------

Al arrancar el coche para comenzar un examen práctico de conducción, el vehículo comienza a dar pequeñas sacudidas. El examinador sugiere al alumno que ponga el *starter*, a lo que el alumno contesta:

—No hace falta, seguramente se habrá resfriado esta noche y por eso estornuda.

---------- ☺ ----------

Un grupo de niños realiza una excursión a la montaña. Uno de ellos, el más travieso, cae dentro de un pozo seco. A los gritos de auxilio acude un compañero en su ayuda.

—¡Échame una cuerda o avisa al profesor! —grita desesperado el que se encuentra en el pozo.

—Bueno, ¿en qué quedamos? —se queja el otro desde fuera.

---------- ☺ ----------

Una señora que cenaba en un restaurante pide al camarero que baje un poco el aire acondicionado. Pocos minutos después, esa misma señora se estaba abanicando, vuelve a llamar al camarero y le pide que ponga el aire acondicionado más alto.

Después de repetirse esta operación durante un largo intervalo de tiempo y al seguir la señora con sus quejas, un comensal que había en una de las mesas cercanas a ella llama al camarero.

—Camarero, por favor ¿tiene la bondad de venir un momento?

El camarero, cumpliendo solícito con su deber, se acerca al señor y le dice:

—¿Qué desea usted, caballero?

—Pues verá. Hace un largo rato que le vengo observando y me gustaría comentar el hecho con usted.

—Diga usted, soy todo oídos —responde el camarero con acertada cortesía.

—Esta señora debe de estar volviéndole loco con tanto hacerle bajar y subir el aire acondicionado.

El camarero con una larga sonrisa responde:

—¡Qué va, señor! ¡Qué va!

—No le comprendo.

—Soy yo el que la está volviendo loca a ella.

—Sinceramente, ahora no le comprendo en absoluto. ¿Cómo es posible que sea usted el que la está volviendo loca a ella, y no ella a usted, después de tanto paseo para un lado y otro, después de tanto subir y bajar el aire acondicionado?

—Muy sencillo, señor. Porque aquí no tenemos aire acondicionado.

———————— ☺ ————————

El director sanitario de un manicomio enseña las dependencias del mismo a un inspector.

El inspector se para, asombrado, en el centro de una gran sala donde todas las camas están vacías y pregunta:

—Pero ¿qué sucede?

—A estos locos les chiflan los coches. Ahora están todos debajo de la cama reparando el motor...

———————— ☺ ————————

Dos locos pasean sobre el empedrado que se halla en medio de las vías del tren. Se les ve extenuados.

—¡Qué fatiga! —exclama uno de ellos.

—Cierto. Y mucho más con una barandilla colocada tan baja.

———————— ☺ ————————

Un loco se escapa del manicomio para emprender un largo viaje, la ilusión de su vida. Cuando llega al primer país de destino, entra en un restaurante, se sienta y pide un plato de sopa. En cuanto se la sirven, lo coge y se lo tira por la cabeza.

El camarero interviene asombrado y le pregunta:

—Pero, señor, ¿ha enloquecido?

—¡Oh!, perdone, ¡qué distraído soy! Yo quería arroz.

—¿Para tirárselo en la cabeza?

—¡No!, ¿no ve que ya me he tirado la sopa?

———————— ☺ ————————

Dos locos van en un automóvil.

—Se ha acabado la gasolina. No podemos seguir adelante.

—Entonces volvamos atrás.

—¡Buena idea! Pero ahora conduce tú, yo estoy un poco cansado.

Un cliente sibarita entra en un bar de ambiente muy selecto y llama al camarero:

—Oiga... Sírvame un coñac francés.

El camarero le sirve una copa, pero el cliente, tras probar el licor, dice indignado:

—¡Le he pedido un coñac francés!

—Sí, señor, ¿y qué ocurre? —replica el camarero.

—Pues que este coñac que me ha servido no es francés, ¿comprende?

El camarero se encoge de hombros y replica con guasa:

—Dígame, señor, ¿qué es lo que quiere usted hacer, beber el coñac o conversar con él?

———————— ☺ ————————

El famoso inventor norteamericano Thomas A. Edison tenía el vicio y la virtud del trabajo. Una tarde de verano, al regresar a su casa, su esposa le dijo:

—Trabajas demasiado. ¿Por qué no tomas unas vacaciones?

—Pero es que no sé adónde ir —se excusó él.

—Pues elige el punto de la tierra donde más te gustaría estar y vete allí.

—Está bien —le prometió—. Mañana mismo me pongo en camino.

Y a la mañana siguiente volvió a su laboratorio.

———————— ☺ ————————

Un recién casado cuenta a un amigo:

—Hicimos el viaje de novios en coche.

—¿Y dónde pasasteis la noche de bodas?

—¡En el hospital!

Dos amigas se encuentran en la peluquería y una de ellas pregunta:

—¿Y qué tal ese primer paseo con el coche nuevo? ¿Quién ha conducido, tú o tu marido?

—¡Hemos empujado los dos...!

———————— ☺ ————————

Dos amigos charlan en la cafetería mientras toman una copa. Uno de ellos dice:

—Cuando compramos el coche, le dije a mi mujer: «Mira, querida, cuando sepas conducir te daré una sorpresa.»

—¿Y aprendió pronto? —pregunta el otro.

—Desde luego.

—¿Y qué sorpresa le diste?

—Despedí al chófer.

———————— ☺ ————————

Un peatón que acaba de ser atropellado por un automóvil dice al conductor:

—Si yo me atreviera le pediría un favor.

—Diga, diga usted lo que desea —replica el causante del atropello.

A lo que el peatón responde:

—Que me adelantase alguna cantidad a cuenta de lo que le voy a reclamar por el accidente.

———————— ☺ ————————

Una turista francesa se encuentra de vacaciones en Andalucía. Cuando se dispone a cenar en el restaurante del hotel en el que se aloja, ve una mosca en su gazpacho. Irritada, llama al camarero. Este ve la mosca y contesta a la clienta:

—Tiene usted toda la razón, y no es el primero que se queja de esto, ya sabe, con este calor... ¡Antoñito, ven! ¡Ven a ver cómo nada una mosca!

———————— ☺ ————————

Un matrimonio decide realizar un viaje cultural durante las vacaciones de verano. Cuando se encuentran en un famoso museo de arte contemporáneo de Nueva York, la mujer dice a su marido:

—Fíjate, querido, ¡qué magnífica estatuilla!
—Calla, tonta, ¿no ves que es el extintor de incendios?

———————— ☺ ————————

Un niño llega a su casa y dice muy contento a su padre:
—Papá, hoy he hecho una buena acción.
—Muy bien, hijo mío, estoy orgulloso de ti. ¿Qué has hecho?
—Mira, estaba paseando cerca de la estación, cuando he encontrado al señor Pérez que corría para no perder el tren. Entonces he soltado a Nerón y el señor Pérez ha llegado a tiempo.

———————— ☺ ————————

Una niña que se encuentra de vacaciones en el pueblo con sus abuelos se dirige a la estafeta de correos, se asoma a la ventanilla y pregunta:

—Perdone, si echo esa carta ahora, ¿llegará mañana a Madrid?

—Desde luego, pequeña.

—¿Está usted seguro, seguro?

—Pues claro que sí, ¿por qué no iba a estarlo?

—Porqué va dirigida a Barcelona.

☺

Dos turistas realizan una visita guiada por un famoso museo de historia. Al llegar a la sala principal, el guía se para y anuncia satisfecho:

—Este, señores, es el esqueleto de Adán, el primer hombre creado por Dios. Es una pieza única.

—¿Es auténtico? —pregunta incrédulo uno de los visitantes.

—Su autenticidad está garantizada por la falta de una costilla. Obsérvelo usted mismo —responde convencido.

☺

Un explorador que acaba de regresar del Polo Norte narra las maravillas de aquellas lejanas tierras a un amigo:

—Una de las cosas más terribles es la noche ártica. Imagínate, dura 140 días.

—Es maravilloso —exclama el amigo interrumpiéndole—. Figúrate qué estupendo poderle decir a un acreedor: «Por favor, vuelva usted mañana».

☺

Una ballena se traga un escocés, un chino, una silla y unas naranjas. Al día siguiente, unos pescadores capturan la ballena, la llevan a tierra, la abren y encuentran al escocés sentado en la silla y vendiendo naranjas al chino.

———————— ☺ ————————

Al regresar de vacaciones un amigo pregunta a otro:

—¿Qué tal te ha ido?

—Aparte del agotador viaje, el calor infernal, las tormentas constantes, los terribles mosquitos, la cama dura y la carísima cuenta del hotel, lo demás todo muy bien.

———————— ☺ ————————

En un examen de conducción, el examinador pregunta:

—Cuando hierve el agua en el radiador, ¿qué debe hacerse?

—Poner las patatas —contesta bromista el alumno.

—Muy bien, pues vuelva cuando ya estén hervidas.

———————— ☺ ————————

Un caballero entra en un hotel para reservar habitación.

—Quisiera una cama muy resistente.

—Muy bien, señor, pero no me parece que usted sea muy corpulento —responde extrañado el recepcionista.

—Lo sé —corrobora el cliente—, pero es que tengo un sueño muy pesado.

———————— ☺ ————————

En una hora punta, un hombre sube a un autobús abarrotado de gente. Al cabo de un rato, aparece el revisor pidiendo los billetes.

—Billete, por favor, señor.

—Pase —contesta el pasajero.

—¿Quiere mostrármelo? —insiste el revisor.

—Pase, he dicho —responde con toda amabilidad de nuevo el señor.

—¡Enséñemelo!

—¡Qué desconfianza! Usted gana: deme un billete.

———————— ☺ ————————

Recién inaugurada la temporada de caza, un aficionado decide tomarse una semana de vacaciones para practicar su deporte favorito. Antes de partir, se dirige a una tienda para comprar algunas cosillas. Una vez en ella, toma un libro, lo hojea y pregunta al encargado:

—¿Es recomendable este manual de caza?

—Ya lo creo, es extraordinario. Figúrese que contiene, por orden alfabético, todas las tiendas del país que venden animales de caza frescos.

———————— ☺ ————————

En una estación de tren, una joven riñe a su novio que ha llegado tarde:

—¡Por tu culpa hemos perdido el tren de las ocho! Te has retrasado una hora y media y yo estoy aquí desde hace diez minutos.

———————— ☺ ————————

Dos amigos van conversando mientras salen de la oficina.

—¿Sabes que mañana me voy de veraneo?

—Sí.

—¿Y quién te lo ha dicho?

—Pues tú ahora.

———————— ☺ ————————

Un hombre que ha sido atropellado por un automóvil recupera el conocimiento y pregunta a su mujer que está a la cabecera de su cama:

—¿Dónde estoy? ¿En el cielo?

—No, cariño, ¿no ves que yo también estoy aquí?

———————— ☺ ————————

Un turista entra en un hotel y pregunta los precios de las habitaciones.

—Una habitación sin vista cuesta dos mil pesetas —informa el hotelero.

—¿Y una con vista?

—Pues, diez millones.

—¡Usted está loco! —exclama el cliente asombrado.

—Nada de eso, señor. Es que para que haya vista se tiene que derribar el edificio de enfrente.

———————— ☺ ————————

Ir paseando a su trabajo en cualquier época del año, con sol o bajo la lluvia, era más que una costumbre, era casi un capricho para un profesor de cierta universidad americana.

Sin embargo, una noche en que la niebla era excesivamente densa y lloviznaba, no tuvo más remedio que aceptar la invitación de un amigo que, al encontrarlo en el camino, le brindó sitio en su automóvil.

Al subir el profesor al coche, el amigo observó que sólo llevaba un zapato de goma.

—Veo que ha perdido usted un zapato —comentó.

—No, señor —repuso sencillamente el maestro.

—Entonces... ¿no es un poco extraño andar con uno sólo?

—De ninguna manera. Sólo uno de mis zapatos tiene la suela agujereada.

———————— ☺ ————————

Un galán conduce a su casa a una joven después de salir juntos por la noche. Ya son más de las doce, no hay luz y la carretera está desierta.

De pronto, el vehículo se detiene, el joven sale fuera, echa una mirada al coche y, volviéndose a la muchacha, le dice:

—¡Qué mala suerte! Parece que el depósito de gasolina se ha llenado de agua. No podemos dar ni un paso más.

La muchacha lanza un suspiro y contesta con ironía:

—Anda, sube al coche. Esto ya me ha ocurrido a mí otras veces. No tenemos más que empezar a liarnos y ya verás qué pronto se transforma el agua en gasolina...

———————— ☺ ————————

Un turista que recorre en su automóvil Andalucía hace un alto en el camino para comer en una posada del interior, donde pide pollo asado.

Al cabo de un tiempo, con el estómago lleno y satisfecho del almuerzo, pregunta el precio.

—Son tres mil pesetas, señor —le contesta el posadero, deseando aprovechar la ocasión.

—¡Tres mil pesetas! —exclama sorprendido el turista—. Pero... ¿tan escasos son aquí los pollos?

☺

Cierto día, en una capital de España, un señor muy distinguido toma un taxi y le dice al conductor:

—Espronceda, 12, por favor.

—Inmediatamente, caballero.

Al final del trayecto, cuando el coche se detiene, el cliente ve que se hallan ante el número 12 de la calle Zorrilla. El caballero indica el error al taxista y este responde educadamente:

—Perdone usted, me he equivocado de romántico...

☺

Es medianoche. Al ver que un señor choca con su automóvil nuevo, aparentemente adrede, contra otro que está estacionado, algunos transeúntes llaman a un guardia.

—¿Por qué hace usted eso? —pregunta el agente.

A lo que el caballero del coche contesta:

—Ambos vehículos son míos... Y si hago esto es para vengarme del coche viejo que tantos dolores de cabeza me ha ocasionado.

☺

Un noctámbulo pregunta a un taxista:

—¿Cuánto me costará dar un paseo en automóvil?

—Según el tiempo.

—Hombre, estando el tiempo bueno....

Una espectacular joven va conduciendo un coche último modelo sin fijarse en el cuentakilómetros.

Un agente de tráfico la ve pasar, la persigue y la obliga a detener el vehículo.

Le pide entonces la documentación, pero la chica no le entrega nada.

—¿Así que no tiene usted permiso de conducir? — insiste el guardia con picardía.

—No, señor.

—Sólo falta que me diga que tampoco tiene teléfono...

———————— ☺ ————————

Un marido enseña a conducir a su esposa.

—Cuando veas la luz verde, pasas —le explica él.

—¿Y si se pone rojo? —pregunta ella—. Entonces freno, ¿verdad?

—Sí —contesta el marido—. Y si yo me pongo blanco, frena también. ¿Entendido?

———————— ☺ ————————

Un matrimonio va en su coche tranquilamente. De pronto se cruza con ellos un automovilista que marcha a gran velocidad.

—¡Mira ese loco cómo va de deprisa! —comenta la mujer.

El marido, que va conduciendo, se gira para ver al alocado as del volante, sin darse cuenta de que ha desviado la dirección y van directos contra un árbol. Tras el descomunal topetazo, este comenta a su esposa:

—¡No sé cómo no hay más accidentes...!

Una muchacha conversa con una amiga:

—No sé qué le pasa a mi coche. Pero supongo que no será nada grave porque no tiene más que seis meses.

—¿No será que está en plena dentición?

———————— ☺ ————————

Un fanático del automovilismo ha pintado su coche de rojo, exactamente del mismo tono que lucen los coches de bomberos.

—¿Por qué has pintado así tu coche? —le pregunta un amigo.

—Bueno, ya sé que me confunden con los bomberos, pero precisamente por eso puedo saltarme las señales de tráfico sin que ningún guardia me diga nada.

El amigo se queda sorprendido. El dueño del coche añade:

—Sólo tiene una pega esto: en cuanto hay fuego en cualquier parte, me obligan a ir...

———————— ☺ ————————

El conductor de un automóvil es presentado ante el juez.

—Tengo entendido —le dice este— que con la de hoy es la quinta persona que usted ha atropellado.

Al oír aquello el conductor rectifica con estas palabras:

—La cuarta, señor juez, porque a una la he atropellado dos veces.

———————— ☺ ————————

Una señorita murmura con voz muy débil:

—Ahora comprendo que no puede hacerse esto...

Y el guardia que está tratando de sacarla de debajo del coche volcado pregunta con curiosidad:

—¿Qué es lo que no puede hacerse, señorita?

—Encender un cigarrillo, pintarse los labios, hablar por teléfono y llevar el volante... todo a la vez.

————————— ☺ —————————

Un joven decide comprarse un automóvil para irse de vacaciones por Europa. Decidido, entra en una casa de venta de coches y pide el precio de uno de los mejores modelos que se encuentran allí expuestos.

El dueño de la tienda, creyendo que habla con un fanfarrón, le dice:

—Le advierto, señor, que ese coche vale cinco millones de pesetas.

—Bueno, eso no me importa —replica el joven. Y, ante el asombro del vendedor, añade—: Antes era yo un pobre miserable, pero ahora puedo extender un cheque por diez millones de pesetas.

Afectadamente, saca un talonario de cheques del bolsillo y extiende uno al portador por valor de cinco millones de pesetas, el importe del coche que le gusta.

Entonces se dirige al vendedor que ha quedado estupefacto y le dice:

—Ahora verá usted lo que me importan a mí cinco millones de pesetas.

Y con gran teatralidad rompe el cheque en mil pedazos.

————————— ☺ —————————

Cierto día de verano, estando de vacaciones en un pueblecito del sur de Francia, un coche iba de paseo junto a la orilla de un río. No se sabe cómo, de repente perdió la dirección y el coche y su conductor fueron a parar al agua. El conductor era nada menos que el presidente de la República, que hubiera perecido sin duda alguna si no hubiera sido por el auxilio de dos muchachos de quince años que pasaron por el lugar.

Cuando el presidente terminó de devolver el agua tragada, mostró sus deseos de premiar el heroísmo y la generosidad de sus salvadores.

—Dime lo que deseas —dijo a uno.

—Un automóvil de carreras es mi ilusión.

—Y tú, ¿qué pides? —preguntó al otro.

—Que prometáis pagar mi funeral.

—¿Tu funeral? Esa petición es absurda.

—No lo crea... mi padre me matará cuando sepa que ayudé a salvarlo.

———————— ☺ ————————

Una clienta de un restaurante que está a punto de tomar el primer bocado de su plato se queja indignada al camarero:

—¡Camarero! ¡Hay un ratón en mi sopa!

—Por favor, señorita, no se asuste. ¿No ve que está muerto?

———————— ☺ ————————

Un individuo muy tacaño y gran aficionado a beber sale un día de su casa a comprar una botella del mejor whisky. Satisfecho con su compra, se la guarda en el bolsillo posterior del pantalón y se dirige de nuevo a su casa.

En el camino de vuelta, un automóvil se salta un semáforo rojo y lo atropella. Afortunadamente, el hombre no ha sufrido heridas graves y puede levantarse enseguida. Pero en el momento de incorporarse nota que su pantalón está un poco húmedo y exclama mirando al cielo:

—¡Señor, por favor, haz que sea sangre!

☺

Un bonito atardecer de verano, a la salida del cine, un joven se acerca a una señorita y le dice:

—Señorita, yo por usted viajaría hasta el fin del mundo.

Y la joven responde solícita al cumplido:

—Pues bien, puesto que eso está muy lejos, le aconsejo que se ponga en camino inmediatamente.

☺

Un hombre muy rudo que lleva toda su vida trabajando en el campo de sol a sol decide tomarse unas pequeñas vacaciones y viajar hasta Nueva York. Una vez en el hotel, la recepcionista se da cuenta de que el individuo lleva más de media hora ante el ascensor. La joven se le acerca intrigada y le pregunta:

—Disculpe, señor, ¿ya ha pulsado usted el botón?

A lo que el huésped, desconcertado, responde:

—Por lo menos he pulsado veinte botones: los de la camisa, los de la chaqueta, los de los pantalones, pero este ascensor no acaba de llegar nunca.

☺

Dos marchantes de arte realizan un viaje de negocios para asistir a una importante subasta que se va a llevar a cabo en una prestigiosa galería de París. Durante el trayecto en avión uno de ellos comenta al otro:

—Afortunadamente esta vez mi mujer no ha podido venir.

—¿Por qué afortunadamente?

—Porque siempre quiere tener la última palabra.

———————— ☺ ————————

Un turista japonés que se encuentra de vacaciones en Madrid pregunta a un transeúnte:

—Dígame, ¿voy bien para la calle Mayor?

—Hombre, sí —contesta el de la capital—; yo voy en mangas de camisa y nadie me ha dicho nada.

———————— ☺ ————————

Un individuo con la nariz sangrando y un boquete en la cabeza, echado en mitad de la acera, se tronchaba de risa sin cesar entre un grupo de viandantes que no salía de su asombro al verle. Uno de ellos le pregunta curioso:

—¿Cómo tiene humor de reírse en el estado tan lamentable en que se encuentra? Dígame, ¿qué le ha ocurrido?

—Me encontraba yo en la barra de un bar, cuando ha entrado un fulano que, agarrándome por las solapas y diciendo «¡Toma, cerdo inglés!», me ha largado un soberbio puñetazo; luego, me ha cogido del cuello y de un puntapié me ha lanzado aquí, a la acera.

Y de nuevo el hombre estalla en una sonora carcajada. El que lo escucha no logra entender nada.

—No veo ninguna gracia en ello, y menos aún viéndole en este estado.

—¡Es que yo no soy inglés, sino alemán!

Deambulando por una estrecha y maloliente calle de los barrios bajos de una gran ciudad, un turista es interpelado por una voz chillona:

—¡Eh, tú, pedazo de bestia!, ¿adónde vas?

El forastero levanta sus ojos hacia el lugar de donde parece que ha partido el grito y no ve a nadie. Sólo consigue ver la ventana abierta de un lóbrego cuarto.

—¿Quién es el valiente que habla así y luego se esconde? —replica furioso el turista.

—¿Y a ti qué te importa, imbécil? —contesta la voz oculta.

—¿Imbécil, yo? —grita el turista ahora ya exasperado—. Si eres tan atrevido para insultar a la gente, en vez de esconderte baja a la calle y lo discutiremos frente a frente.

—Por mi padre que lo haría... y a gusto. Pero todavía no ando.

―――――――――   ☺   ―――――――――

Un grupo de turistas extranjeros visita las célebres cuevas mallorquinas del Drac. El guía, un hombre saleroso, precede a los visitantes en medio de un bosque de estalagmitas, cuyas formas hacen evocar siempre una figura humana o una imagen religiosa.

Mientras señala un pequeño grupo de estalagmitas, el guía va explicando:

—Aquí tienen ustedes a san Cristóbal. Detrás viene el monje san Bartolomé y la virgen de Montserrat.

—Usted perdone —le interrumpe una turista, mientras mueve escépticamente la cabeza—, pero yo no veo nada de lo que usted dice.

—Señora, lo siento mucho, pero si no se pone un poco de imaginación en estas cosas... más vale quedarse en casa.